大学生积极心理健康教育与心理素质训练研究

徐曼 著

·北京·

图书在版编目（CIP）数据

大学生积极心理健康教育与心理素质训练研究 / 徐曼著. -- 北京：群言出版社，2023.12
ISBN 978-7-5193-0906-0

Ⅰ.①大… Ⅱ.①徐… Ⅲ.①大学生－心理健康－健康教育－研究②大学生－心理素质－素质教育－研究 Ⅳ.①G444

中国国家版本馆 CIP 数据核字（2023）第 254117 号

责任编辑：侯　莹
封面设计：知更壹点

出版发行：群言出版社
地　　址：北京市东城区东厂胡同北巷1号（100006）
网　　址：www.qypublish.com（官网书城）
电子信箱：qunyancbs@126.com
联系电话：010-65267783　65263836
法律顾问：北京法政安邦律师事务所
经　　销：全国新华书店

印　　刷：三河市腾飞印务有限公司
版　　次：2025年1月第1版
印　　次：2025年1月第1次印刷
开　　本：710mm×1000mm　1/16
印　　张：12
字　　数：240千字
书　　号：ISBN 978-7-5193-0906-0
定　　价：66.00元

【版权所有，侵权必究】

如有印装质量问题，请与本社发行部联系调换，电话：010-65263836

作者简介

徐曼，女，1987年7月出生，江苏盐城人，博士研究生。现于江苏医药职业学院担任讲师，并在学校大学生心理健康中心兼任心理咨询师。研究方向：应用心理学。发表论文十余篇。荣获江苏省信息化教学能手大赛二等奖一次，校微课比赛一等奖一次；参与国家精品课程"护理礼仪与人际沟通"的课程建设；参编人民卫生出版社"十三五"规划教材《护理心理学》，参编南京大学出版社教材《医学人文教育读本》。

前　言

大学生作为国家未来的重要人才资源，其身体素质、心理状态和专业能力对于社会发展具有重要影响。健康的身体和心理是快乐幸福和事业成功的基础，而心理健康教育则是维护这一基础的重要手段。因此，我们必须高度重视大学生的心理健康问题，并积极开展心理健康教育，将其视为一项至关重要的工作，以帮助大学生形成完善的人格和培养良好的心理素质。只有这样，我们才能确保当代大学生能够以积极健康的心态步入社会，为国家和民族的未来做出更大的贡献。

近年来，国家高度重视大学生的心理健康问题。例如，教育部办公厅印发的《关于加强学生心理健康管理工作的通知》中要求，"进一步提高学生心理健康工作针对性和有效性，切实加强专业支撑和科学管理，着力提升学生心理健康素养"。《教育部等十七部门关于印发〈全面加强和改进新时代学生心理健康工作专项行动计划（2023—2025年）〉的通知》提出了"全面加强和改进新时代学生心理健康工作，提升学生心理健康素养"的目标。

我们需要认识到，大学生的心理健康不仅影响他们的学习和生活，也对他们的未来职业发展产生深远影响。因此，我们应该提供一种全面的心理健康教育，包括但不限于压力管理、情绪调节、人际关系处理等方面的技能训练。同时，我们还应该鼓励大学生积极参与各种社团活动和志愿者服务，以提高他们的社会责任感和团队合作能力。我们应该建设一个开放、包容的校园环境，让每一个学生都能感到被接纳和被尊重。我们应该鼓励学生表达自己的想法和感受，同时也要教会他们如何尊重和理解他人。通过这样的方式，我们可以帮助大学生建立健康的人际关系，提高他们的社交技巧，从而使他们能够更好地适应社会。我们也应该注重家庭、学校和社会的联动，共同为大学生的心理健康教育提供支持。家庭是孩子的第一个教育场所，父母的教育方式和态度会对孩子的心理健康产生重要影响。学校则应该提供专业的心理咨询服务，帮助学生解决心理问题。社会应该提供更多的实践机会，让学生在实践中学习和成长。

大学生的心理健康教育是一项系统工程，需要我们从多个角度和层面进行考虑和实施。只有这样，我们才能真正做到全面提升大学生的心理素质，使他们健康、快乐地成长，为社会做出更大的贡献。这是我们肩负的责任，也是我们应当追求的目标。

本书共六章。第一章为绪论，主要包括什么是积极心理健康、大学生积极心理健康的影响因素、大学生积极心理健康教育的意义等内容；第二章为大学生自我意识与心理素质训练，主要包括自我意识概述、自我意识的发展、大学生良好自我意识的培养、大学生自我意识心理素质拓展训练等内容；第三章为大学生积极人格与心理素质训练，主要包括人格概述、大学生群体中常见的人格问题、大学生积极人格的培养、大学生积极人格心理素质拓展训练等内容；第四章为大学生积极情绪与心理素质训练，主要包括积极情绪概述、大学生群体中常见的情绪问题、大学生积极情绪的培养、大学生积极情绪心理素质拓展训练等内容；第五章为大学生积极人际关系与心理素质训练，主要包括人际关系概述、大学生群体中常见的人际沟通问题、积极人际关系的获取、大学生积极人际关系心理素质拓展训练等内容；第六章为大学生职业生涯规划与心理素质训练，主要包括大学生职业生涯规划、大学生职业生涯规划影响因素、大学生职业素养能力的提升、大学生职业生涯规划心理素质拓展训练等内容。

在撰写本书的过程中，作者借鉴了大量相关研究成果，在此对相关学者、专家表示诚挚的感谢！

由于作者水平有限，书中有一些内容还有待进一步深入研究和论证，在此恳切地希望各位同行专家和读者朋友予以斧正。

目 录

第一章　绪论 ······ 1
第一节　什么是积极心理健康 ······ 1
第二节　大学生积极心理健康的影响因素 ······ 13
第三节　大学生积极心理健康教育的意义 ······ 25

第二章　大学生自我意识与心理素质训练 ······ 32
第一节　自我意识概述 ······ 32
第二节　自我意识的发展 ······ 43
第三节　大学生良好自我意识的培养 ······ 45
第四节　大学生自我意识心理素质拓展训练 ······ 57

第三章　大学生积极人格与心理素质训练 ······ 60
第一节　人格概述 ······ 60
第二节　大学生群体中常见的人格问题 ······ 77
第三节　大学生积极人格的培养 ······ 82
第四节　大学生积极人格心理素质拓展训练 ······ 95

第四章　大学生积极情绪与心理素质训练 ······ 98
第一节　积极情绪概述 ······ 98
第二节　大学生群体中常见的情绪问题 ······ 105
第三节　大学生积极情绪的培养 ······ 114
第四节　大学生积极情绪心理素质拓展训练 ······ 121

第五章　大学生积极人际关系与心理素质训练 …………………………… 127
第一节　人际关系概述 ……………………………………………… 127
第二节　大学生群体中常见的人际沟通问题 ……………………… 138
第三节　积极人际关系的获取 ……………………………………… 143
第四节　大学生积极人际关系心理素质拓展训练 ………………… 148

第六章　大学生职业生涯规划与心理素质训练 …………………………… 151
第一节　大学生职业生涯规划 ……………………………………… 151
第二节　大学生职业生涯规划影响因素 …………………………… 172
第三节　大学生职业素养能力的提升 ……………………………… 177
第四节　大学生职业生涯规划心理素质拓展训练 ………………… 180

参考文献 …………………………………………………………………… 183

第一章 绪 论

对于大学生而言，在其素质结构中，除了相关专业的业务素质、智力素质、身体素质外，心理素质也是至关重要的一种。加强对大学生积极心理健康的认识，开展大学生积极心理健康教育是高校教育工作的重要内容，具有重要意义。本章围绕什么是积极心理健康、大学生积极心理健康的影响因素、大学生积极心理健康教育的意义展开研究。

第一节 什么是积极心理健康

从本质上说，积极心理健康界定了一种新的健康理念，在心理健康与问题心理之间划出了一个中间状态，既非健康也非问题。它植根于积极心理学，要求心理健康的人不仅要摆脱甚至消除各种心理疾病，还要具有积极品质。由此可见，积极心理健康与个人心理状态、健康理念及积极心理学等方面息息相关，为了更好地理解积极心理健康，有必要对心理学基础知识、健康和心理健康相关理论及积极心理健康知识进行一定程度的了解和认识。

一、心理学基础

心理学基础知识属于普通心理学的范畴，普通心理学是以研究正常成人的心理活动为对象，阐述心理活动最基本的规律。学习这部分内容，旨在从整体上了解心理结构的全貌，理解心理活动的实质，可以为认识和了解积极心理健康奠定基础。

（一）心理的结构

普通心理学是以科学的方法研究人的心理现象及其行为规律的科学。它关注人的思维、情感、意识等心理过程，以及这些心理过程与行为之间的相互关系。普通心理学的目标是理解和解释人的心理现象，并通过研究发现来帮助人们认识自己、发展自己和改变自己。研究方法包括观察、实验、调查等,通过收集和分析数据来得出科学结论。普通心理学的应用广泛,可以应用于教育、临床、组织管理等各个领域,为人们的生活和工作提供科学的指导。此处主要从心理现象与人的行为两个视角入手,探讨心理的结构。

1. 心理现象

心理现象是心理活动的表现形式,主要包括心理过程和人格(个性)两部分,如图 1-1 所示。

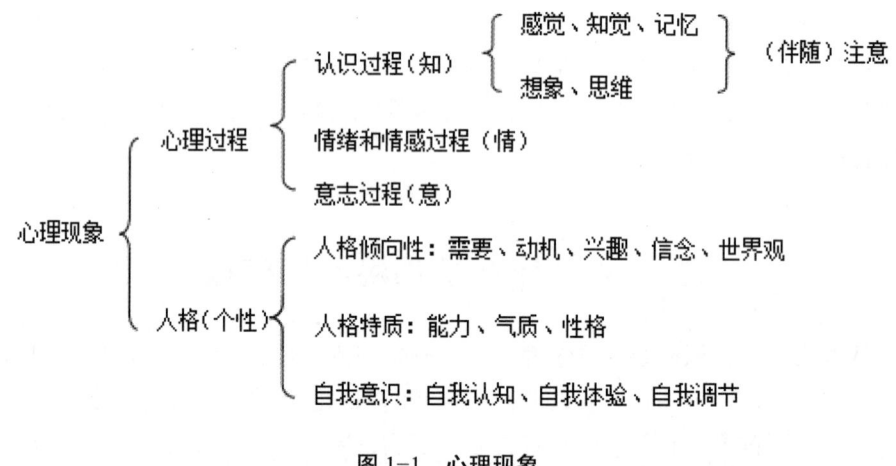

图 1-1 心理现象

2. 人的行为

心理现象是一种精神现象,不同于物理、化学现象,它没有形状、没有大小、没有气味、没有重量,难以直接被考察和研究。然而,人的心理与人的行为却有着密切的联系,通过直接考察和研究人的行为,可以间接了解人的心理。因此,心理学也研究人的行为,并通过对行为的考察来研究人的心理。

行为是由一系列运动、活动和动作构成的,是人们对所处环境的反应。反应是指人体对各种刺激产生的反应。这种反应有两种基本形式:一种是人体内在的生理性反应,如人体受到刺激后,身体内部可能出现腺体分泌、内脏器官运动、神经系统活动变化等生理反应。这种反应肉眼一般看不到,要通过专门的仪器加以观察和精确描记才能被认识到。另一种是外在的体性反应,如身体在运动过程中骨骼、肌肉的运动;人们在空间上发生的位置改变;人们出现的动作、姿态、表情、言语等。

（二）心理的实质

唯心主义认为，心理是人体之外，暂存于人体，不依赖脑而独立存在的虚无缥缈的灵魂。唯物主义认为，心理是脑的功能，脑是心理活动的器官。现代心理学研究普遍认为人的心理活动是客观现实在人脑中的反映。

1. 心理是脑的功能

人类高度发展的心理活动是以高度发达的大脑为物质基础的，脑是心理活动的器官，心理是脑的功能。大脑是人体最高级的神经中枢，人的思维、感觉行为、语言都要受大脑中枢神经系统的指挥，人的心理和行为都是由中枢神经系统发出指令形成的条件反射。在实际生活中，个体的心理活动并不是单一的条件反射，而是由一系列条件反射构成的条件反射系统。根据信号刺激的特点，苏联心理学家伊万·彼得罗维奇·巴甫洛夫（Ivan Petrovich Pavlov）把大脑皮质的功能分为第一信号系统和第二信号系统：第一信号系统是指大脑对现实的具体刺激，如对声、光、电、味等刺激发生反应的皮质机能系统；第二信号系统是指大脑对现实的抽象刺激，如对语言文字发生反应的皮质机能系统。第一信号系统是动物和人共有的，而第二信号系统是人类所特有的[1]。第二信号系统的活动是和人类的语言机能密切联系的神经活动，是在婴儿个体发育过程中逐渐形成的。正是由于人类有了第二信号系统，人的心理才有了质的飞跃，形成了人类特有的意识和自我意识。

2. 心理活动是客观现实的主观反映

心理活动是脑的功能，并不意味着脑本身可以产生心理活动，脑只是为人产生心理活动提供了物质基础。心理活动来源于外界环境的刺激，是客观现实在人脑中的主观能动的反映。

（1）客观现实是心理活动的源泉

人的心理活动无论是简单还是复杂，其内容都可以从客观事物中找到它的源泉。可以说客观事物的多样性决定了心理活动的多样性。

（2）社会生活实践是产生心理活动的基础

对于人来说，社会生活实践是心理活动产生的基础，没有人类的社会实践就没有人的心理活动。例如，那些从小就脱离了人类社会而由野生动物抚养长大的"狼孩""熊孩""羊孩"，他们虽然有人的生理结构，但因为从小就脱离了人类社会，所以无法形成人的心理活动。成年后若长期脱离人的社会生活也会使其原有的正常心理失常或丧失。

---

[1] 王令训. 论第三信号系统[J]. 怀化学院学报，2015，34（3）：41-45.

（3）心理是客观现实在人脑中主观能动的反映

人们因性别、年龄、阅历、经验、文化水平、社会地位等差异，对同一客观事物的反映也不同。人对客观现实的反映不像镜子反映物像那样机械被动，而是通过社会实践活动主动地把客观事物反映到主观心理活动上来，同时，人们还能通过主观心理活动改造客观世界，使之符合人的需要和意愿。因此，人对客观现实的反映具有主观能动性。

二、健康和心理健康

（一）健康

1. 健康的概念

关于健康的概念，以往人们的理解为"健康就是没有病"，这是比较片面的。现代对健康的理解为：人体各器官系统发育良好，功能正常，体质健壮，精力充沛，有良好的劳动能力，有健全的心理、精神状态和良好的社会适应能力。

世界卫生组织对健康的概念界定为：健康并不是单指一个人身体没有疾病或虚弱现象，而是指身体、心理、社会与自然和谐统一的完美状态。进一步理解，一个人要想成为完全健康的人，就必须符合身体、心理、社会适应和道德都处于完美状态的条件才可以。

随着现代社会的不断发展，健康的内涵越来越丰富。一个人的社会适应性受到相关因素的影响和制约，其中，其生理和心理的素质状况则起到重要的决定性作用。

一般来说，一个人情绪的好坏还会对其生理功能的发挥产生重要影响，如果情绪状态良好，人的生理功能通常就能获得最佳状态；反之，各种问题和疾病就会出现。因此，要将身体、心理、社会适应等方面统一起来加以发展。

2. 健康的标准

世界卫生组织提出了健康的十个标准。

①有充沛的精力，对于日常工作和生活能够从容不迫地承担起来，不感到疲劳和紧张。

②处事乐观，态度积极，勇于承担责任，不论事情大小都不挑剔。

③精神饱满，情绪稳定，善于休息，拥有良好的睡眠质量。

④能适应外界环境的各种变化，具有较强的应变能力。

⑤对于一般性感冒和传染病有一定的抵抗力,具有良好的自我控制能力,善于排除干扰。

⑥体重得当,身材均匀,站立时头、肩、臂位置协调。

⑦眼睛炯炯有神,善于观察,反应敏锐,眼睑不发炎。

⑧牙齿清洁,无空洞,无痛感,无出血现象,齿龈颜色正常。

⑨头发有光泽,没有头屑问题。

⑩肌肉和皮肤富有弹性,走路轻松。

这些标准为健康提供了一个综合性的评估框架,涵盖了身体、心理和生活等方面的不同要素。然而,需要注意的是,这些标准也是一种理想的尺度,对于个体来说可能会有差异,因此并不是每个人都能完全符合标准。

3. 现代健康理念

现代健康理念是建立在人类对自身的综合认知及人类与社会关系的整体认知基础之上的,因此健康内容有了很大的拓展,不仅仅限于生理上的身体健康,还包括心理健康、心灵健康、社会健康、智力健康、道德健康、环境健康等,远远超出生物学的领域,是一种现代文明社会的大健康理念。具体来说,现代健康理念应该包含如下内容。

第一,个体的健康是身体和心理协调一致的结果,对个体而言,健康的内容包括以下内容。

①身体发育情况正常,没有疾病和残疾,具有良好的健康行为和习惯,身体各部分的机能处于正常状态。

②保持心理正常发展状态,包括没有心理疾病,可以持续的、积极的心理状态对待生活和工作。

③可以完成社会化过程。人作为社会成员不是天然的,其间有一个社会化过程,如果不能顺利完成就很难跨入社会、融入社会群体、承担社会角色、适应社会生活,包括应对挑战和矛盾。

第二,个体健康的身心必须是统一的,不存在健康的人只是纯生理或纯心理方面的健康。事实上,生理与心理健康唇齿相依,二者密不可分,互相维系,互相影响,任何一方面出现问题,都会影响整体。

恶劣的心理状况是诱发各种病症的重要因素,通常一半以上患者的病因与心理压力有关。心理压力可能会导致糖尿病或哮喘等慢性疾病加重,引发与负面情绪和压力有关的其他疾病,包括头痛、关节痛和抑郁症等。

第三，社会健康指的是个人具有正常的社会适应能力，可以正确认知个人与社会大环境的相互关系，强调健康是与环境保持动态平衡的状态。社会健康是个体健康的一个方面，包括有关个体如何与他人相处，他人又是如何对个人做出反应，以及个人与社会规范、制度和社会习惯是如何相互作用的。因此，社会健康测试包括社会资源（社会关系的数量和质量、社会网络涵盖面）和人际关系（包括与亲戚、朋友接触的频率）等内容。

（二）心理健康

1. 心理健康的概念

关于心理健康的确切概念，国内外并没有一个公认的统一界定。《简明不列颠百科全书》将心理健康解释为："心理健康是指个体心理在本身及环境条件许可范围内所能达到的最佳功能状态，但不是十全十美的绝对状态。"[①] 由此可见，心理健康是一种持续的、积极向上的高效而满意的心理状态。

1946 年召开的第三届国际心理卫生大会指出，心理健康是指在身体、智能及情感上，在与他人心理健康不相矛盾的范围内，将个人心境发展到最佳状态。这一概念将心理健康的含义分为三个层面，如表 1-1 所示。

表 1-1 心理健康的分层

生理层面	心理层面	社会层面
健康的身体为先决条件；中枢神经系统无疾病	对自我持肯定态度；明确自己的长处、短处；认知与环境一致且有效，面对现实，积极乐观	有效适应；妥善处理人际关系；角色扮演符合社会的要求，与环境保持良好接触

世界卫生组织提出，心理健康是一种情感和社会的幸福感，个体能意识到自己的能力，能应对生活中正常的紧张，能创造性地或卓有成效地工作，能为社会做出贡献。

不同学者由于研究的方向不同，对心理健康的理解也并不相同，存在一些差异，但是观点还是有一些共同之处的。大致来说，对其理解要把握好以下几点：①心理健康要求一个人在生存与发展方面都处于最佳状态，而不一定是永远的完美无缺，即使是身心有缺陷的人也可以追而求之，目标是在条件许可的范围内

---

① 乔玲，王学. 心理健康［M］. 天津：天津大学出版社，2011.

尽可能地达到最好的状态；②心理健康绝不仅仅局限于没有心理疾病和内心的安宁，它还要求具有良好的社会适应能力，具有追求更高境界和更大发展的动力；③心理健康是一种相对的状态，人的心理随着环境的变化有所改变是正常现象，但这种变化应是适度的、适时的和良性的反应；④心理健康是一个动态的变化和发展过程，与躯体健康一样，受生物、心理和社会等多种因素的影响，因此需要终身维护。

2. 心理健康的重要意义

第一，心理健康能提高机体的健康水平，对预防疾病有积极的作用。心理素质好，自身免疫力强，可以提高机体对疾病的抵抗力，可以减少感冒、传染性疾病的患病概率。

第二，心理健康是高效率脑力劳动的一个很重要的内在条件。智商正常是心理健康的标准，情商、逆商高也是高效率脑力劳动最重要的内在条件。

第三，心理健康是社交的有力助手。心理健康者善于处理人际关系，可以说心理健康是社交的有力助手，也是良好的人际关系的产物和结果。

第四，心理健康是自我调节的杠杆和阀门。心理健康者善于调整自己的情绪，能够预防不良心态的发生与发展，保持心态平衡和稳定，因此，心理健康是自我调节的杠杆和阀门。

第五，心理健康是一种生活目的。心理健康与否，只有在人际交往和人际相互作用过程中才能得以展示。心理健康可以使个人生活质量得以提高，精神境界得以升华，因此，心理健康是一种生活目的。

3. 心理健康的标准

（1）国内外的心理健康标准

判断一个人是否心理健康，是心理健康研究中一项十分重要的研究，其核心依据则是心理健康的标准。心理健康的标准一直受到人们关注，许多专家对此都有过研究和论述。关于心理健康的标准众说纷纭，但所站角度不同，各有所侧重。现列举代表性的观点以供参考。

美国心理学家亚伯拉罕·哈洛德·马斯洛（Abraham Harold Maslow）和密特尔曼（Mittelman）提出了心理健康的十条标准：①充分的安全感；②充分了解自己，并对自己的能力做适当的估计；③生活的目标能切合实际；④与现实环境能保持接触；⑤能保持人格的完整与和谐；⑥具有从经验中学习的能力；

⑦能保持良好的人际关系；⑧适度的情绪表达及控制；⑨在不违背集体要求的情况下，能做有限的个性发挥；⑩在不违背社会规范的前提下，能适当满足个人的基本需求。

奥地利精神病医师、心理学家西格蒙德·弗洛伊德（Sigmund Freud）认为人们的心理状况不存在绝对的健康或不健康，关于心理健康可以归结为爱与工作的能力。他列出了心理健康的人所具有的一些共同特点：①保持理智与平衡；②具有自我价值感；③具有爱的能力；④具有建立和维持亲密关系的能力；⑤能接受现实中的各种可能性和局限性；⑥对工作的追求与自己的天资和教育背景相适应；⑦能体验到某种内在的宁静与满足感，感到此生没有虚度。

美国心理学家坎布斯（Combs）认为，一个心理健康、人格健全的人应有四种特质：①积极的自我观念；②恰当地认同他人；③面对和接受现实；④主观经验丰富，可供取用。

我国学者黄坚厚提出了心理健康的四条标准：①乐于工作；②能与他人建立和谐关系；③对自身具有适当的了解；④和现实环境有良好的接触。

中国心理卫生协会原副理事长郭念锋则提出从以下十个方面判断心理健康的水平。

第一，心理活动强度，是指个体抵抗精神刺激的能力。这种抵抗力可以因个体差异而有所不同，包括认识水平、生活经验、性格特征和先天神经系统的素质等。抵抗力低的人容易受到精神刺激的影响，可能导致癔症或反应性精神病等健康问题，而抵抗力强的人则可以更好地应对外部事件的刺激，虽有反应但不至于产生疾病。这种抵抗力和人的认识水平息息相关。因此，为了保持强大的心理活动强度，人们需要促使自身认识水平不断提高，以更好地理解外部事件并减轻它们对自己情绪的影响。此外，积极的生活经验、良好的性格特征和健康的神经系统也会有助于推动心理活动强度进一步提高。

第二，心理活动耐受力。长期反复出现的精神刺激对于人的心理健康具有很大的影响。这种慢性长期的精神刺激可能会使一个人长期处于压力和焦虑的状态，导致出现心理问题，如抑郁症、焦虑症等。然而，有些人能够将这些负面刺激当作挑战和乐趣，在逆境中取得成就。因此，耐受力可视为心理健康水平的指标。

第三，周期节律性。从形式和效率的角度来看，人的心理活动具有周期节律性。心理过程的节律性可以反映在许多方面，如情绪的波动、注意力水平的起伏、认知能力的高低等。一般来讲，通过对心理活动效率的观察，可以实现对个人节律变化的有效探查。若是一个人的心理活动的固有节律出现紊乱，通常意味着他的心理健康水平有所下降。

第四，意识水平。通常来讲，注意力水平是评判意识水平的客观指标。一个人的注意力水平可以反映他的意识状态和心理健康状况。如果一个人的注意力无法集中于某种工作或无法集中于思考问题，或者经常出现注意力分散的情况，这可能是其出现心理健康问题的一个信号。注意力水平的降低会对意识活动的有效水平产生影响，使得思想不能集中，这种不集中的程度越高，心理健康水平就越低，记忆力下降等其他后果也会越严重。

第五，受暗示性。周围环境中的无关因素很容易对易受暗示的人产生影响，从而导致其情绪和思维的波动和紊乱，有时意志力薄弱也是其中一个重要表现。这一特点在每个人身上都存在，但程度和水平因个体差异而有所不同。

第六，康复能力。在人的一生中，遭受精神创伤是不可避免的，这些创伤可能来自工作、家庭、社交等不同的方面。在遭受精神创伤后，人们可能会出现行为改变、情绪波动甚至躯体症状等反应。但是，每个人的经验水平和认识能力不同，恢复所需的程度和时间也会有所差别。心理康复能力主要是指个体从精神创伤中恢复正常状态的能力。拥有较高康复水平的人往往能够较快地恢复，而且不会留下太多严重痕迹，并在回忆创伤时表现出较为平静的态度。

第七，心理自控力。一般来讲，思维过程和情绪表达都是在人的自觉控制下实现的，这种自觉控制看似具有随意性，但也只是相对而言的。心理自控力指的是个体对思维、情绪和行为的自我控制能力，这与心理健康水平密切相关。心理健康水平高的人能够对自己的心理活动控制自如，情绪表达得当，行为得体，既不过度拘谨也不放纵。

第八，自信心。自信心是指评估自己面对生活或工作任务时的应对能力。这种自我评估对个人而言是非常重要的，但存在两种偏差，即估计过高和估计过低，这两种偏差都可能导致不良的后果。估计过高可能会导致盲目自信，无法准确评估自身的实力和能力，从而在面对挑战或困难时容易遭受失败，产生抑郁情绪或失落感；估计过低则可能会导致缺乏自信，过于低估自己的能力和潜力，同时因害怕失败而错失机会或无法充分展现自己的能力，从而产生抑郁、焦虑等情绪问题。可以说，自信心的恰当程度是心理健康的一个重要衡量标准。

第九，社会交往。充分的社会交往是个体心理活动的重要支撑，与他人的交往常常反映出个体的心理健康水平。一旦一个人毫无理由地与亲友和社会其他成员断绝联系或变得冷漠，就可能表明其存在心理病症，即接触不良。此外，过度社交则可能表现为躁狂状态。在现实生活中，心情抑郁较为常见，当个体情绪抑郁时，社会交往也会变得困难。

第十，环境适应能力。心理适应是非常重要的一种心理过程，人类需要通过适应来应对环境的变化和挑战，从而实现个体的保存和种族的延续，推动自我完善和发展。适应可以分为两种，即积极适应和消极适应，其中积极适应是指针对环境积极主动地进行改变，消极适应则是指针对环境的冲击进行有效躲避。在面对剧烈的环境变化时，消极适应是一种常见的反应，它可以让人们暂时地缓解压力和心理不适。作为一种形式，消极适应也具有积极意义，至少在某一阶段或某一时期有现实意义。可以说，一个人能否迅速采取措施适应环境的变化并使心理平衡得以保持，常常反映其心理健康水平的高低。

（2）运用心理健康标准的注意事项

关于心理健康的标准，中外学者提出了众多的观点，至今还没有一个完全统一的标准。以下是一些科学认知和理解心理健康标准时应注意的要点。

第一，对于一个人的心理健康状况进行判断不能仅仅根据一时一事，而应该考察较长一段时间内的持续心理状态。偶尔出现不健康的心理和行为并不意味着整个人的心理都不健康。

第二，对于人的心理健康水平，可以进行等级的划分，而从健康到不健康之间可能存在一个较长的过渡阶段。通常情况下，心理正常与异常的界限并不明显，只是在程度上有所差异。

第三，心理健康状态是一个动态的变化过程，可能随着时间的推移和环境的变化而发生变化。一个人可以实现不健康状态与健康状态之间的相互转换。所以说，心理健康状态是一个不断发展和变化的过程。由于心理健康不是一种静止不变的状态，故心理健康只能实现对个体某一段时间内的固定状态的反映，并不能反映其一生的状态。

第四，无论如何表述，心理健康的标准都是理想的尺度。它提供了衡量一个人是否处于健康状态的标准，同时指明了提高心理健康水平的努力方向。这些标准不仅是一种参考，也是人们追求心理健康的目标。

第五，保证工作、学习和生活能够有效进行是个体心理健康的基本标准。若是一个人无法维持正常的工作、学习和生活，就需要引起注意，并且对自己的状态进行及时调整。

三、积极心理健康

（一）积极心理学的兴起

积极心理学这一概念最早出现在20世纪末的西方心理学界，从20世纪80年代开始，我国高校就开始运用这种教学方法进行心理健康教育。积极心理学注重人的人格培养和情感体验，因而将积极心理学引入大学生的心理学教育中十分必要。

积极心理学是心理学领域的一场革命，也是人类社会发展史中的一个里程碑，是一门从积极角度研究心理学的新兴科学。目前对积极心理学的概念界定众说纷纭，其中具有代表性的有两种观点。一种观点是积极心理学从关注人类的疾病和弱点转向关注人类的优秀品质；另一种观点是积极心理学在主观水平和个体水平上分别涉及有价值的主观体验（如幸福感、满足和满意、希望和乐观）和积极的人格品质（如爱、勇气、人际关系技能、审美力、创造力、才能和智慧）。

积极心理学关注人本身固有的积极品质和发展潜能，其研究内容可概括为"一个中心，三个基本点"：积极心理学以研究人的幸福为中心，积极心理学从积极情绪、积极的人格特质和积极的社会组织三个基本点出发探究幸福，这三个基本点也是获得幸福的基本路径。关于这三个基本点，具体分析如下。

一是研究积极情绪。积极心理学主要研究积极的心理情绪在人们日常生活中发挥的作用。从积极心理学角度来说，消极的心理态度可以看作人们面对外界危险构建起的第一道警戒线，会将人们带入"战斗"状态，以此来打破或远离危机。积极的心态则会拓宽人们的眼界，提高自身对外界的包容程度及自身的创造力，能够让人们拥有乐观的心态。

二是研究积极的人格特质。积极的人格特质是积极心理学中最为基础的部分。积极心理学探究了多种积极的人格特质，其中包括乐观、自信、成熟的防御体系等。最为核心的人格特质包括勇敢、仁爱、智慧、节制等。在积极心理学中，将幸福的产生归结为人们可以发现自身的优点和积极的人格特质，同时还可以在日常生活中展现出来。

三是研究积极的社会组织。积极心理学也将主要的研究方向集中在社会文化背景方面，认为社会文化背景同人的心理素质、人格特质、创造水平、情感态度及心理疾病的治疗等有着密切的关系。一个积极的社会组织包含积极的子系统，其中积极的小系统涵盖稳定的社区关系、高度负责的社交媒体、良好的家庭环境及教育水平较高的学校；而积极的大系统则包含民众的责任感、道德水平等。

（二）积极心理健康的定义及其基础理论

积极心理健康和积极心理学研究密切相关。关于积极心理健康，美国心理学家贾霍达（Jahoda）和霍里斯特（Hollister）的研究为积极心理健康的发展奠定了重要的理论基础。在贾霍达的著作《积极心理健康的当代理解》中，积极心理健康的概念被首次提出。此外，霍里斯特创建了新的英语单词——stren，作为strength的变形词，该单词主要用来对个体积极活力过程进行描述。基于这些研究可以发现，摆脱心理疾病并不等于心理健康。积极心理健康应该包括没有心理问题的困扰，以及积极活力和积极品质的培养。

积极心理健康的核心概念是将焦点从心理问题转向积极品质的发展与培养。它认为一个没有任何心理问题的人只是处于零状态，而不能被称为真正的健康。从根本上来说，心理健康概念的这种定义实际上是健康观念的转变，积极心理健康既不是健康状态也不是问题状态，它描绘了一种介于健康和问题之间的中间状态，而这种中间状态不应被视为任何心理健康相关领域的最终目标。

积极心理健康所蕴含的"积极"理念实际上是心理健康观念的转变，这不仅使积极心理健康理念成为新的健康趋势，还促使心理学研究提升到一个新的水平。可以说，它是心理学基本价值观的守护者，在推动心理健康相关的学术研究重回正轨的过程中表现出巨大的意义和价值。积极心理健康更加侧重于积极品质、积极活力和幸福感的培养，而这有助于帮助个体克服心理问题，并促进心理健康的发展。此外，对于研究积极心理健康的专家而言，作为心理学领域通用语言的积极品质和积极活力是克服心理问题和持续追求心理健康的重要工具。在积极心理学的视角下，个体在成长过程中会遇到各种问题和挑战，包括成功与失败、快乐与痛苦，而积极心理学的实践能够帮助个体对问题做出积极的解释。从本质上讲，积极心理健康研究重点的转变是健康观念转变的直接结果。

在众多心理学研究中，积极心理健康的上述观点都能够得到佐证。举例来讲，在情绪研究领域，美国心理学家艾丽斯·伊森（Alice Isen）等的研究表明，人们摆脱负面情绪并不意味着他们产生了积极情绪，而是人们意识到自己的积极情绪。只有对积极情绪进行有意识的培养，才能真正增强自己的力量，克服消极情绪。不仅如此，通过积极情绪的培养，个体能够形成更具灵活性和广泛性的认知组织系统，而依靠该系统可以使个体所具有的各方面资源得到有效整合，从而使其更好地应对困难和挑战，拥有更多的行为选择。相反，消极情绪会限制个体的认知能力，使其认知组织系统变得更加狭窄，进而导致个体在逆境中"只见树木，不见森林"，陷入狭隘的思维模式。上述理论观点不仅在心理学研究中得到了佐证，还得到了现代神经医学的支持。

积极心理健康理论吸取了古今中外心理健康研究中的精华思想，摒弃了传统心理健康理论研究偏重病理弊害的弊端。它以积极和发展为取向，强调对人性持积极评价的态度，注重发掘个体内在的潜能和积极因素，以人固有的、实际的、潜在的和具有建设性的力量、美德和善端为出发点。

第二节　大学生积极心理健康的影响因素

一、大学生心理发展特点

（一）智力发展方面的特点

智力是个体观察力、记忆力、思维力、想象力等方面基本能力的综合体现，它是个体的一种综合性认知心理特征。大学时期正处在智力发展的黄金时代，是人生智力发展水平的最高时期。下面主要对大学生在观察力、记忆力、思维力、想象力等方面的特点进行简要分析。

1. 大学生观察力的特点

大学生的观察力是指大学生有目的、有计划、比较持久的知觉能力，并在观察过程中表现出较为明显的目的性、条理性、敏锐性和精确性。大学生观察力的发展特点主要表现在以下几方面。

第一，具有坚持性和敏锐性。由于大学生在学习中的目的性较为明确，学习的动机和意志力也都达到了较高水平，加上自身思维能力的提高，使得他们在观察力上表现出坚持性和敏锐性的特征。

第二，具有准确性和深刻性。大学生应当以严谨的态度进行有目的的学习，通过积极的思维活动，认真观察、深入挖掘问题。这样，随着观察的目的性和主动性的提高，大学生的观察准确性和深刻性也会得到相应的提升。

第三，目的性和自觉性显著提高。在进入高校后，大学生开始从中学时期的被动学习模式转为主动学习模式，这一转换使得大学生能够以明确的目的为导向，有意识、自觉地去探索与自己学习和生活密切相关的事物，从而促进了观察目的性和自觉性的发展。

同时，由于大学生开始进行系统的专业学习和实践活动，其本专业的认知结构开始逐渐形成和完善，这就使得他们喜欢从专业的角度去观察事物，对与所学专业有关的问题特别敏感，观察活动带有明显的专业特点，具有很强的目的性和自觉性。

2. 大学生记忆力的特点

大学生时期是一个人一生中记忆力发展最为成熟和活跃的时期，其主要具有以下几个方面的特点。

第一，意义记忆占主导地位。大学生的记忆力主要是在各种学习活动中不断发展起来的。大学生需要对许多系统而抽象的专业知识进行学习和掌握，这就要求他们善于分析和综合所学知识，并从逻辑体系、本质特征、内在联系等方面进行全面掌握，以实现对其自身意义记忆能力的发展。同时，随着大学生知识经验的不断积累，思维能力和理解水平的迅速提高，其在学习时有可能在理解的基础上进行意义记忆，这就使得大学生在学习阶段意义记忆占据了主导地位。

第二，记忆的持久性和准确性显著提高。记忆的持久性和准确性也是大学生非常重要的记忆品质，对大学生掌握各种知识和经验有着重大意义。记忆的持久性主要是指学生所记忆的知识能够保持多久，记忆的准确性是指学生所记忆知识的精准程度。由于意义记忆在高校学习阶段占据了主导地位，大学生可以形成良好的认知结构，而良好的认知结构除了可以促使记忆的敏捷性和准备性的发展外，对记忆的持久性和准确性的发展也同样可以发挥出较好的促进作用。

第三，记忆的敏捷性和准备性迅速增强。个体记忆的敏捷性和准备性都属于较好的记忆品质。其中，记忆的敏捷性主要是指记忆速度的快慢，一般以一定时间内能记住多少事物或回忆多少事物来衡量。记忆的准备性是指能及时地、迅速地从记忆中回忆出所需知识的能力。

由于大学生进行的都是有着严密逻辑系统的专业知识的学习，且在学习过程中学生的意义记忆占据了主导地位，这样不仅有利于其形成良好的认知结构，而且新知识容易被原有认知结构同化或改造已有认知结构形成新的认知结构。这些都对大学生记忆的敏捷性和准备性的迅速发展起到了非常有效的促进作用。

3. 大学生思维力的特点

大学生的思维力主要是指学生借助语言对客观事物的本质及其规律进行间

接、概括反映的能力，或者说是以概念、判断、推理的形式解决问题的能力。大学生的思维力具有以下几个方面的特点。

第一，创造性思维得到明显发展。创造性思维是指有创见的思维，即通过思维不仅能揭露事物的本质和规律，而且能产生新颖的、前所未有的思维成果。大学生作为未来社会的接班人，需要根据时代的需要，在校积极进行学习，并逐渐形成具有较强创造性和开拓性的思维能力，养成自己主动探求知识的习惯。唯有如此，大学生方能适应知识不断更新变化的趋势，并在现代化建设中发挥积极作用。大学具有优越的教学条件，不仅拥有从事科学研究的现代化的实验室、仪器设备和丰富的图书资料，还有学术造诣较深的师资队伍和良好的学习环境，这些优越的条件对培养学生的创造性思维是十分有利的。除此之外，大学生的实践活动将会有所增加，这有助于他们积累丰富的知识和经验，进而有力地推动其创造性思维的发展。

第二，抽象逻辑思维处于一生中的巅峰状态。研究发现，大学生的抽象逻辑思维水平在一生中处于巅峰状态。随着这一水平的提升，他们所关注的问题也逐渐从低级的具象问题转向更高级的抽象问题。以电影为例，中小学生更注重剧情和趣味性，而大学生则倾向将电影内容提升到理论层面，从政治经济背景、艺术手段和伦理道德观念等多个角度进行深入思考和发表见解。在面对生活中的各种问题时，大学生不仅仅满足于表面分析，而是力求进行深层次的思考，探索问题对社会的影响和应对策略。

第三，思维的广阔性和深刻性显著提高。在高校学习实践活动的影响下，大学生的生活经验不断积累，自己所掌握的知识也日益增多，这些在促进其思维能力独立性和批判性迅速发展的同时，也打开了大学生的视野，对问题的思考也更加深入和全面。他们既思考与专业学习有关的问题，也涉及各种社会现象；既思考政治方面的问题，也涉及经济、文化等方面的问题；既考虑个人有关问题，也涉及班级、学校、国家命运等有关问题。他们在考虑问题时，不停留在表面现象，而是力求探索现象的本质和规律。由此可以看出，大学生思维的广阔性和深刻性得到了显著提高。

第四，思维更具独立性和批判性。大学生的思维已经能够离开客观事物和具体形象，从具体现实中解放出来，触及事物的本质，用抽象的理论体系把认识与解答统一起来。大学生具备了反省思考的能力，思维更具有独立性与批判性。

4. 大学生想象力的特点

大学生的想象力主要是指大学生对表象进行加工改造，创造出新形象的能力，其集中表现在想象的主动性、丰富性、鲜明性和新颖性上。概括来说，大学生的想象力具有以下几方面的特点。

一是现实性。在中学阶段，学生基本处于天真烂漫、浮想联翩的"理想化"状态。进入大学以后，活动领域、视野的拓宽，使得他们与客观现实的接触范围日益扩大，同时独立思考能力的不断提高，在现实与理想、思想与行为、个人愿望与社会要求之间出现的诸多矛盾使得他们原本天真烂漫的想象受到一定冲击，进而让他们变得注重从现实方面思考问题。因此，大学阶段是个体想象力从理想化向现实性转换的关键时期。

二是创造性。大学生的创造性会随着其抽象逻辑思维能力的迅速发展而不断得到提高。大学生开始克服少年时期想象力的局限性，逐渐使想象中的创造性成分增多。根据相关资料，大学生大多具有较丰富的创造想象力，并且这种具有创造性的想象还会表现出较强的新颖性和奇特性等特点。

三是丰富性。大学生的活动范围比以前扩大很多，而且他们的表象积累也会增多，这就丰富了他们的想象内容。他们不仅会对自己所学内容的有关问题展开想象，而且会对专业学习以外的各种现象进行想象；不仅考虑与自己切身利益有关的问题，而且十分关心社会和国家的前途和命运。

（二）自我意识发展方面的特点

自我意识是指人对自身的认识及对周围事物关系的各种体验，它是认识、情感、意志的综合体，对于研究人的心理发展过程具有十分重要的意义。自我意识的发展与诸多因素有关，其中包括人的年龄和知识水平。

大学时代是人真正自我认识的时期。随着生活经验愈加丰富，对外界的认识程度不断加深，青年大学生开始关注自己的内心世界。他们意识到自己有主我与客我、理想自我与现实自我的区分，希望能够通过理想与现实之间的关系来认识自我并追求自我完善。然而，由于社会实践能力不足和生活阅历有限，大学生的自我意识在自我体验、自我认知等方面很容易出现偏差。例如，他们可能会出现过度的自我接受或自我拒绝，抑或可能会过于自信或过于自卑，从而难以正确评估自己的能力和价值。"自我统合"是青年心理发展的重要里程碑，它的顺利完成对青年期发展而言至关重要，尤其是对于大学生来说，建立对自我的正确认识是一个常见的应对心理问题的策略。

（三）情感发展方面的特点

情感是人对客观事物是否满足个体需要而产生的态度体验，主要体现为人脑对客观事物与人的需要之间关系的反映。情感具有一些十分重要的功能，如调节功能、感染功能、迁移功能、动力功能、信号功能、疏导功能。

大学时期是个体情感发展最为迅速的时期。情感对于大学生心理发展和教学活动的进行都具有相当重要的意义。在大学的学习阶段，学生保持自身良好的情感发展，是其全面、和谐发展的一个重要保障。同时，情感作为一个极为关键的非智力因素，也是搞好教学、提高教学质量所不容忽视的重要方面之一。大学生的情感发展特征，不但有一般青年所表现出来的个体发展的年龄特征，还会在特定环境和经历的影响下，形成自身独有的特点，这主要表现在以下几个方面。

第一，情感日益丰富但易偏激。青年期最主要的心理特点是动摇、起伏，出现一些非常显著的相互对立的冲动，可称之为"狂风暴雨的时期"。大学生正值青年期，丰富多彩的大学生活使其情感日趋复杂，情感表现具有强烈跌宕、不协调的特色，因而大学时代是体验人生情感最强烈的时代。这种强烈情感的内容随着知识经验的增多、生活空间的扩大、业余生活的丰富、自我意识的增强而日臻多姿多彩。大学生富有理想、兴趣广泛、关心时政、激情澎湃，他们的情感日渐丰富且迅速向深度、广度发展。但由于大学生对社会的复杂性、自己欲望行为的合理性缺乏足够的正确认识，加之他们比较"较真"，他们往往会成为情感的"俘虏"。

第二，交往欲望强但心理闭锁。随着大学生各方面的发育成长，他们的社会交往圈逐渐扩大，同时对于人际关系也愈加重视，期望自己在社会关系中的地位不断提高。随着独立性的增强，他们与家庭、同龄人及教师的关系都会发生变化。

进入大学后，他们在与家庭的关系上，逐渐发生了质的变化。他们渴望独立，对于父母的榜样作用已不像童年时期那样绝对地、不加批判地接受。随着知识、学历层次的提高和年龄的增长，他们在家庭中的独立性地位逐渐提高，行为的自主性越来越强，可以自主地支配自己的时间，自主地进行朋友选择和交往方式的选择等。

与同龄人交往是获取信息，收获快乐、经验和友谊的很好的形式。大学生有一种集体主义意识，希望自己可以像少年时期一样，有一种集体归属感。因此在大学中社团众多，各式各样，大学生参加社团活动和入团、入党的要求强烈，以期承担更多的社会义务和社会责任，渴望体现自己在团体中的作用，实现自己的人生价值。

大学生在与教师的关系上也发生了显著变化。大学生不再把分数看作同龄人之间取得尊重、声望、名誉的唯一途径，而把学习理解为对未来生活的一种准备。他们将教师看作师长和朋友，而不再是名誉的化身，对教师的尊敬多于崇敬。师生关系从少儿时的"亲密型"转为"疏远型"，他们不再是一切依赖于教师教授的学生，而是具有自主学习能力的学生。

总的来讲，大学时代是个体成长的重要时代，但也是个体自身容易出现矛盾的时代，如既渴望友情又害怕受挫。许多大学生对人际关系的追求往往带有较浓的理想色彩，以友谊的理想模式为标准来衡量生活中的人际关系，导致高期望值与高挫折感并存。一些学生出于交往方式欠妥等原因，很容易导致其交往失败。长期的交往失败会使一些大学生渐渐地形成心理闭锁。

第三，性意识发展但易导致性心理失衡。性意识一般指对性的理解、体验和态度。青年期的大学生处于性机能迅速成熟时期，这引起他们生理和心理的一系列变化，并对异性有着非同一般的情感。由于大学生生理发育已趋成熟，性意识走向真实，他们渴望在情感上与异性交流，关心异性对自己的评价，迫切想要和异性接近。大学的学习、生活环境客观上为他们的交往提供了更多的机会和更多的自由。这一时期的男女交往极其敏感、容易冲动。但会出现性认知的偏差、性焦虑等一系列的心理问题，影响大学生正常的学习和生活。

因此，应特别注意将性科学知识教育和伦理道德教育结合起来，帮助大学生对自己的性生活及其背后的看法、态度、价值观进行思考。从大学生的心理特点可以看出，大学生正处于迅速走向成熟，但又未达到真正成熟的阶段。这种情况既存在积极的一面，又存在消极的一面，因而在心理发展中，就难免出现矛盾和冲突，如独立性与依赖性的矛盾、强烈的求知欲与识别能力低的矛盾、情感与理智的矛盾、理想与现实的矛盾等；但是，大学生正是在学会理性地面对问题，提高解决困难的能力，合理应对冲突的成长中逐步成熟起来的。

第四，高级情感日趋成熟、稳定。随着大学生知识经验的不断增多、能力的逐渐提高，他们的道德感、理智感和美感都获得了较高水平的发展，并且日趋成熟、稳定，成为个性特征的重要部分，具体表现在以下几方面。

一是美感发展方面。大学生在审美观和审美情感方面日臻成熟。他们对美有着十分敏锐的感受性，对美好事物有着强烈的需要。因此，他们喜爱在大自然的美景中陶冶情操，渴望良好、和谐的社会风气和人与人之间的真挚友情，并且不断从品德、心灵、语言、行为等方面加强自身修养以追求人格的完美。

二是道德感发展方面。随着对社会认识的不断深入，大学生的道德意识也得到了相应提高。这主要表现为：热爱祖国和人民，有高度的使命感和责任感；期望平等、和谐的人际关系，憎恨不正之风；颂扬助人为乐、无私奉献的道德行为；珍惜集体荣誉，崇尚团结、正义。

三是理智感发展方面。相关研究表明，大学生的求知需要在其众多需要中占有重要的地位。正是这种强烈的求知需要，为大学生理智感的高度发展提供了内在基础。他们在学习新知识的过程中，往往会出现迫不及待的紧张感，会因一个理论观点而争得面红耳赤，或者也会因一道难题冥思苦想而倍感学习中的甘苦喜忧。

二、大学生心理健康标准

（一）心理健康的标准

综合国内外学界对心理健康标准的观点，结合我国大学生心理特点和实际情况，大学生心理健康的标准有以下几点。

第一，智力正常，对学习有求知欲。智力是指个体的观察力、注意力、记忆力、想象力、思维力、创造力及实践活动能力的综合。个体能正常生活的最基本的心理健康条件就是智力正常。大学生要对学习有求知欲，能积极学习相关知识。

第二，情绪稳定，能够合理调控情绪。情绪是人对客观事物产生的态度体验，是人的需要能否获得满足的反映。情绪不是一成不变的，而是类似波浪线，有高峰，也有低谷，大部分时间是较为稳定平和的状态。心理健康的大学生善于管理和调节自己的情绪，乐观积极，能合理地表达和宣泄情绪，正确对待学习和生活中的负面情绪。

第三，人际关系和谐，社会适应正常。大学生在学习和生活中会与不同的人接触，和谐的人际交往是保持良好人际关系的前提条件，也是心理健康的重要标准。同时，大学生还要有能够处理人际关系中各种问题的能力，从而具备适应社会的能力，能与社会保持良好的接触，跟上时代发展的步伐。

第四，正确认识自我，客观评价自我。大学生对自己的认识、看法和评价应该客观、正确，要深入和正确地认识自我，并积极悦纳自我，不以自己在某些方面强于别人而自傲，也不以自己在某些方面弱于别人而自卑，可以很好地约束和控制自己的行为和情感。

第五，人格结构完整。人格健全的大学生应该胸怀坦荡，言行一致，有较强的社会责任感，有明确的世界观、人生观和价值观，明辨是非，知道什么该做什么不该做，有良好的自我意识，懂得自我完善。

第六，意志品质健全。心理健康的大学生具有坚强的意志品质和较强的挫折承受能力，在遇到困难时，能激励自己树立克服困难的信心，始终如一地完成意志行动。

第七，心理发展符合大学生的年龄特征。个体在不同的年龄阶段，都有其心理发展的特征。大学生的心理发展应符合相应的年龄特征，心理发展不能滞后或超前，并避免一些异常行为的出现。

（二）心理健康标准的正确理解与运用

正确理解与运用大学生心理健康标准，应注意如下几点。

第一，心理健康与否是相对的。人的心理是精神现象，判断一个人的心理是正常还是异常，并没有明确的和绝对的界限，只是程度的差异。人的心理及行为由良好的健康状态到严重的疾病状态之间有一个广阔的过渡带，是一个由正常逐渐向异常、由量变到质变，并且相互依存和转化的连续谱。

第二，心理健康与否是可变的。心理健康水平虽然分为不同等级，但心理健康状况是动态的。人们的心理健康状况随着环境的变化、认知的调整、经验的积累是不断改变的。

第三，心理健康标准是理想的。生活在现实社会中的每一个人都在一定程度上存在心理问题，即人的心理问题是普遍存在的，只是程度不同而已。心理健康的标准是一种理想尺度，不仅为人们提供了一个衡量心理是否健康的标准，同时也为人们指明了发掘心理潜能的努力方向。

三、影响大学生积极心理健康的主要因素

（一）个人内在因素

1. 生物性因素

一是遗传因素。遗传是生物界普遍存在的现象。通常而言，心理活动是不会遗传的，它主要是在后天的社会环境影响下，通过社会实践逐渐形成的。然而，人与遗传之间存在密切的关系，人的身体构造和生理功能是会受到遗传影响的。

遗传因素可以对个体的气质、体型、神经系统的活动特点及能力等方面产生影响。

二是年龄特征的影响。当代大学生既有青春期晚期的年龄特征，也有时代赋予他们的一些群体特性。当代大学生成长在中国社会转型期，面临着复杂的社会环境和多元的价值观念。他们生活在网络化、信息化、全球化特征明显的新时代，能够接触到丰富的知识和信息，但也面临着更多的挑战和困难。由于思想单纯、社会经验较少，大学生对事物的复杂性认识不足，容易产生偏激情绪。另外，多数大学生是独生子女，部分个体过于以自我为中心且心理韧性较差，他们在得不到认可和关注时往往容易产生情绪问题，如焦虑、抑郁等。

三是身体健康状况。各种躯体疾病可能会影响到人的心理状态，导致敏感多疑、烦恼郁闷、行为控制力下降等问题出现。慢性病或久治不愈的疾病容易引发严重的心理障碍。

四是内分泌系统失调。青春期发育会在一定程度上影响人的心理活动，因为在这一阶段，内分泌腺体活动加剧、激素分泌旺盛，这些变化可能会影响到人的情绪、认知和行为等方面。可以说，内分泌系统失调会对人的心理活动产生影响。

2. 心理状态因素

一是人格因素。人格是个体在与环境相互作用过程中所表现出来的独特的行为模式。大学生在其成长发展过程中，如果受到不良的外部环境影响，有可能导致人格缺陷形成甚至病态人格产生。根据心理学相关研究，存在严重人格（个性）缺陷的个体往往具有较低的心理健康水平和社会适应能力，当他们面对外部刺激时，常常会有严重的应激反应出现，从而导致心理障碍的产生。同时，已有研究显示，某些人群，如典型的胆汁质和抑郁质类型，往往属于高敏感人群，很容易产生心理障碍，在面对强烈外部刺激时也极易出现诸多心理问题，如抑郁、强迫、焦虑等。此外，大量的临床资料也表明，心理疾病患者往往具有内向的个性特点，他们所拥有的多疑、敏感和不善言谈等特点不利于改变扭曲认知和释放负面情绪，较为容易引发心理问题。

二是心理素质。心理素质在大学生的成长和发展中发挥着重要作用，尤其会对其积极心理健康产生影响。它是人的心理过程和个性心理所体现的心理品质的总和，人的智力和非智力因素共同构成了个体的品质。其中，智力方面的心理素质包括一般能力和特殊能力两方面，前者主要包括记忆力、注意力、思维力、观察力、想象力等，而后者则主要包括社交能力、表达能力、组织能力等；非智力方面的心理素质包括动机、意志、兴趣、需要、情绪、信念等。心理素质是人的整体素质的一个重要组成部分，是人在社会实践活动中逐步形成的。人生由顺境与逆境交织而成，大学生活也并不总是顺遂的。在生活、交友、学习和就业等方面，大学生往往需要面对各种难题，若是其心理素质不够强大，特别是应对挫折能力和自我控制能力不强，则极易产生心理问题。

3. 生活方式因素

各种不良生活方式，如吸烟、过度饮酒、不健康饮食、缺乏锻炼和睡眠不足等，都可能增加大学生出现心理问题的风险。

离开家庭，开始新的生活需要一定的应变能力。大多数大学生在离开家庭、进入新的生活环境后，行为方式和生活方式会发生变化。不良生活方式会影响心理健康。一些大学生会使用无效的应对方式来应对压力，如抽烟、酗酒等。研究发现，大学生抽烟与感到无聊、对生活缺乏热情有关。不良生活方式会导致大学生抑郁、愤怒和疲劳感增强。

长期的睡眠时间不足和睡眠质量低下也会引发心理问题，包括焦躁不安、抑郁等，这可能会对学生的学习能力和社交能力产生负面影响。睡眠不足被列为大学生出现心理问题的最重要的诱发因素。

中高强度的体育活动可以成为防止大学生出现心理问题的保护性因素。那些没有足够时间进行锻炼的学生可能会出现心理问题，对其积极心理健康产生影响。

（二）外在环境因素

1. 家庭因素

家庭对个体早期的发展影响极大，这也是影响个体积极心理健康的重要因素。个体的自信心、人际交往能力、安全感等方面的心理障碍多与家庭和早期教育密切相关。

一是家庭结构。从社会现实情况来看，独生子女家庭、单亲家庭、祖孙同堂等不同的家庭结构，对个体的心理健康会有不同的影响；子女与父母亲之间能否存在有效的、健康的交流模式，对个体心理健康也具有十分显著的影响；而来自家庭的情感支撑，是维护大学生心理健康的重要保证。

二是父母的心理状态。作为个体生命中的重要他人，父母各自的心理状态，包括父母的认知、情感和行为等方面的表现，以及父母的脾气、性格、人生观、价值观等，对个体心理的发育和健康有着极其重要的影响。

三是父母的教养方式。教养方式是指父母在抚养、教育子女的活动中使用的方法和形式，是父母各种教养行为的特征概括，是一种具有相对稳定性的行为风格。

国内对父母教养方式的分类各不相同，最常见的是将父母的教养方式分为放纵型、溺爱型、专制型和民主型。相关研究表明，民主型教养方式有助于孩子心理的健康发展，而放纵型、溺爱型、专制型教养方式都不利于孩子心理的健康发展。

另外，家庭的经济情况和社会地位、父母的职业和文化程度也会对大学生的心理健康产生影响。

2. 学校因素

在大学生的成长过程中，学校教育对其心理发展和积极心理健康的影响占有重要地位。从学校教育的指导思想、组织形式、教学内容、教学方法，到教师的管理方式、对学生的期待，以及学习压力、校园人际关系压力等，都会对学生的积极心理健康造成影响。

一是教师的管理方式、对学生的期待。与家庭的教养方式类似，教师的管理方式可以分为民主式、专制式和放任式。显然，民主式的管理方式最有利于学生的心理健康，而专制式、放任式的管理方式均不利于学生的心理健康。教师对学生的期待也会对其积极心理健康产生影响。如果教师对学生有良好的、积极的期待，即使不用言语明确表达出来，学生也会不知不觉地感受到这些信息，并朝着教师所期待的方向健康发展。

二是学习压力。学习是大学生的主要任务及生活方式，因而来自学习方面的压力会对大学生的心理带来不同程度的影响。

三是校园人际关系。大学时期是个体处于一种渴望交往、渴望理解的心理发展阶段，良好的人际关系是大学生积极心理健康的必然要求。大学时期的人际关系包括大学生与同学之间的关系、与教师之间的关系、与异性之间的关系等。良好的人际关系表现为大学生被同伴接纳和认可，他人愿意和他进行交往。这对于大学生更好地适应学校生活、减少不健康心理的出现及获得归属感和成就感都具有重要的意义。在良好的人际关系中，大学生能够体会到被尊重和被需要，他们的自信心会得到极大提升。因此，可以说，良好的人际关系对大学生的积极心理健康具有重要的影响作用。

3. 社会因素

随着我国经济水平的逐步提升，人们物质生活水平逐步提高，经济飞速发展和物质生活日益丰富，对于大学生来讲，不仅迎来了发展的机遇，还会面临各种挑战。在市场经济飞速发展的时期，社会思想观念以开放、自由、平等为基调，以强劲的竞争为主导，来自世界各地的文化思潮，冲击着新一代大学生的内心，需要其具备更强的判断能力、选择能力、适应能力和应对能力。

（1）就业问题的影响

事业在人们的生命中扮演着至关重要的角色，它不仅影响着一个人的经济收入和生活水平，还决定了其社会地位、体现了其个人价值。事业的成功与否，往往决定了人们对生活的满足程度和自我实现的可能性。一个人在事业上成功与否，关键在于他能否在所选择的工作中发展自我和实现自我价值，享受他所选定的生活方式。因此，对于大学生而言，就业问题非常重要。

近年来，我国大学生的就业分配制度发生了重大的变化，由过去"统包统分"的就业模式向"供需见面、双向选择、自主择业"的模式发展。同时，由于国家经济政策的调整，大学生的就业形势变得较为严峻。在这种形势之下，许多大学生没有转变自己的择业观念和降低职业期待，对自己的个性、能力、兴趣等缺乏正确的了解，也缺乏求职的经验和面试技巧等，更加大了就业过程中的困难和挫折，很容易对其积极心理健康造成影响。

（2）心理问题污名化现象的影响

污名是一种常见的社会心理学现象，是刻板印象、偏见和歧视的复杂结合体，是指个体在人际关系中具有某种负面的、不受欢迎的属性，导致其价值受损、身份被贬低。心理问题污名是污名的一种，指个体在社会互动过程中对有心理问题的他人所进行的负面评价和歧视。

心理问题污名可以被划分为两个类型，即来自外界的社会污名及被患者感知并内化了的病耻感。心理问题的社会污名一般通过刻板印象、偏见和歧视表现出来。

心理问题的刻板印象多指整个社会对于心理问题的一种错误的、固化的认知，这种对心理疾病患者的消极刻板印象会导致大众对心理疾病患者的恐惧、愤怒、逃避、疏远、偏见和歧视。即便患者处于恢复期，病情得到控制，污名的负面作用也会持续存在。

偏见是刻板印象在认知和情感上的表现，如人们疏远、害怕心理疾病患者。

歧视是偏见在行为层面的呈现，如人们会躲着心理疾病患者，并告诉别人离他远点。

病耻感主要指患者因自己生病而产生的羞耻感。有心理问题的人可能会被打上"不正常"的标签。患者自己似乎也接受了这种设定，认为自己得了病很丢人。

一般来讲，害怕被冠以污名是阻碍大学生寻求专业心理帮助的主要原因。调查显示，不愿意进行心理咨询的大学生大部分是因为怕被误解，认为一旦去咨询，就会被认为心理上有问题，害怕被同学嘲笑和疏远。这表明了在大学生群体中普遍存在心理问题污名化的现象。在大学生中，那些有心理问题的人，往往羞于寻求帮助，这使得他们更容易受到心理问题的困扰。

（3）网络发展的影响

在网络信息全球化的背景下，网络已经成为人们生活中不可缺少的一部分。互联网的兴起对大学生心理健康发展产生了很大的影响。一方面，网络带来了积极影响。例如，大学生可以通过互联网获取不同领域的信息，并且可以进行深入探索，增加了大学生对差异性的包容，更积极地进行自我管理，重视集体关系，积极影响了大学生的价值取向。另一方面，网络带来了消极影响。例如，在信息爆炸的互联网中，人们可以短时间内获得丰富的娱乐资源，这很容易在心理上产生适应性或耐受性，容易让人们越来越感受不到各种刺激带来的新鲜感和满足感，影响大学生的幸福感。有的大学生沉迷于网络世界，不但影响了正常的生活、学习，甚至还导致身心健康受损，表现为情感障碍、人际交往障碍等。

总之，社会因素对人心理的影响无孔不入。社会政治经济制度、社会群体的结构和形式、社会文化、社会思潮、社会舆论、大众传媒等时刻影响着大学生的心理。经济的飞速发展、竞争的激烈、生活节奏的加快及巨大的就业压力等，使大学生精神压抑、身心疲惫，常常感到茫然、空虚、疑虑、混乱、失衡等，导致多种心理问题发生，从而对其积极心理健康造成影响。

第三节　大学生积极心理健康教育的意义

积极心理健康教育是一种以积极和发展为取向的理论和实践体系，旨在增进人的心理健康。它主张对积极心理学、积极心理健康、积极教育等方面的思想进行继承和整合，以构建社会主义和谐社会为重要依据，提出要对人性持积极的评价态度，进一步增强对自身潜能和积极因素的开发力度，着眼于个体潜在的、固有的、实际的积极品质和建设性力量，基于积极心态来帮助解读和解决社会心理问题，同时通过对积极的方式和内容的合理利用来促使个体内在的积极品质和自身潜力得到充分激发，大幅度提升其心理免疫力和抵抗力，实现个体幸福和最佳状态，进而塑造出与和谐社会相匹配的充满乐观、希望、积极向上的美好心灵。概括来讲，积极心理健康教育旨在通过积极的价值取向和视角，在对积极的方式和内容进行合理运用的基础上，塑造充满积极精神、希望和活力的健康心灵。

一、大学生积极心理健康教育的理论意义

第一，有利于帮助大学生解决闭锁性心理与交往需要之间的矛盾，促进其心理素质和身心健康水平的提高。在对他人活动进行分析时，大学生会更多地关注思想、情感和个性品质，这也使得他们能够对他人的内心世界有更加深入的了解。同时，通过对他人的分析大学生能够达成认识自己心理品质的目的，在此基础上他们能够更好地意识到自己的思想、情感与他人的区别。在实际生活中，大学生面临着各种特殊的、不同于他人的生活体验，而这种情感体验和思想往往难以向他人透露。随着思想的成熟和自尊心的增强，大学生越来越深刻地感受到自己与他人是不同的，尤其是在心理特征方面存在明显差异，这使得他们感到身边没有可以倾吐心声的知心人，而选择隐藏起自己内心的真实感受，由此产生的孤独感是闭锁性心理形成的一个重要原因。但是，他们又迫切期望与人交往，希望从他人那里得到帮助或与同龄的知心朋友进行思想、情感的交流与分享。于是，矛盾由此形成。

针对这一矛盾，教育工作者通过开展积极心理健康教育，可以更好地了解大学生的心理变化和思想情感，及时发现问题并给予更具个性化和有针对性的指导，在成为其良师益友的同时帮助其解决闭锁性心理与交往需要之间的矛盾，促进积极品质的形成，同时也可以提升教育工作者的威信和信任度。

第二，有利于帮助大学生解决求知欲和识别力之间的矛盾。大学生渴望获取更多的知识，对自然、社会等各个领域都有强烈的探索欲和求知欲，但由于辨别力低，很难分辨哪些是积极有益的信息，哪些是消极有害的信息，从而接受了一些错误或不健康的事物或内容。于是，求知欲和识别力之间的矛盾就产生了。

针对这一矛盾，积极心理健康教育可以起到积极的作用。首先，教育工作者可以引导大学生勤学多思，提高他们的判断力和辨别力。特别是对于课外读物和网络内容，应该教导他们用正确的观点加以对待，进行分析和思考，筛选出有价值的知识，摒弃不健康或错误的信息。其次，积极心理健康教育还应当帮助大学

生培养自制力，使他们学会控制自己的行为和选择。通过培养自制力，大学生可以更好地约束自己的行为，避免受到负面信息的影响，更好地保护自己的心理健康，推动积极人格和积极情绪的培养。

第三，有利于帮助大学生解决情绪与理智的矛盾。大学生很容易出现情绪激动、感情用事的状况。但是，在其冷静下来后，他们在理智上完全能够对问题进行清晰分析，这意味着当他们的需要与认知不同步时，虽然在理智上清楚应该如何行动，但对于情绪与理智之间的矛盾却是不擅长处理的，不能坚持正确的认识并对自己的情绪进行有效控制。

针对这一矛盾，教育工作者通过开展积极心理健康教育工作，帮助大学生树立正确的价值观和提高认知能力，帮助他们树立对待他人进步和荣誉的正确态度，培养宽容和体谅的心态。同时，教育工作者还可以帮助大学生正确认识自己的优点和不足，扬长避短，增强他们的自信心和适应能力。此外，教育工作者还可以通过培养良好的人际关系和集体互助精神来帮助大学生处理情绪与理智的矛盾。大学生处于一个新的环境中，面临着各种社交压力和人际关系问题，通过教育工作者的指导和引导，大学生可以学会如何与他人相处，建立积极健康的人际关系。

第四，有利于帮助大学生解决理想的"我"与现实的"我"之间的矛盾。在大学阶段，学生的抽象逻辑思维发展水平达到一个新的高度，这种思维能力使他们能够基于现实条件，更好地理解和处理抽象概念与信息。同时，大学生往往具有比较丰富的想象能力，能够脱离现实条件来形成对自己未来前景的构想。基于此，一个理想的"我"就形成了。远大的理想为大学生的生活指明了奋斗目标，但是理想与现实中的"我"并不一定完全相符，当其认识到自己的"理想"无法达成时，理想与现实的矛盾就产生了。面对这一矛盾，若是大学生不能基于自身的智力特点与思想认识去思考问题，这种脱离现实的"理想"不断夸大，从而导致大学生对现实产生否定和抱怨，进而影响他们的情绪和行动。

针对这一矛盾，教育工作者通过开展积极心理健康教育工作，可以实现对学生的合理引导，并给予他们参与各种活动的机会，从而让他们亲身经历并了解自己的优点和不足。这样一来，学生可以更加客观地认识自己在集体或社会活动中的地位，逐渐实现理想与现实的统一。同时，教育工作者还可以通过培养学生的实际能力，促使其对现实条件的理解和接受度进一步提高。此外，教育工作者还可以通过积极心理健康教育，帮助学生制定明确的目标和规划，从而使理想与现实更加接近。教育工作者可以引导学生制定可行的目标，并鼓励他们制定一份实现目标的详细计划。这样，学生就能够更加清晰地认识到理想的实现需要付出努力和经历一定的过程，从而减少理想与现实之间的落差感。

二、大学生积极心理健康教育的现实意义

（一）开展大学生积极心理健康教育是社会发展的需要

21世纪对人才的心理素质提出了更高的要求。现代社会是一个高度竞争的社会，要想在这个社会中取得成功，不仅要有良好的思想道德素质和科学文化素质，更要具备多方面的心理素质，如进取态度、应变能力、创新精神、沟通技巧、竞争意识、成熟的人格、乐观的态度等。因此，要想在未来的社会中生存和发展，没有良好的心理素质是不行的。大学生是承载着社会、家庭、自身高期望值的一个特殊的群体，他们的素质如何将直接影响社会的发展和进步。高校是为社会培养符合社会发展需要的高素质专门人才的场所，社会需要具有良好的思想道德素质、科学文化素质、专业技能素质、身体素质和心理素质的人才。开展积极心理健康教育，有利于推动大学生积极心理品质的有效培养和发展，使其成为高素质人才。

（二）开展大学生积极心理健康教育是素质教育的需要

全面推进素质教育是国家从社会主义事业兴旺发达和中华民族伟大复兴的大局出发做出的重大决策。高等学校作为培养社会主义建设者和接班人的重要阵地，全面推进素质教育必然是其工作目标。因此，要通过开展大学生积极心理健康教育活动，引导和帮助大学生提高对心理素质在人的整体素质中的作用的认识，引导和帮助大学生正确处理好心理素质与其他素质的关系，引导和帮助大学生了解和掌握积极心理健康的必要知识，引导和帮助大学生优化人格品质，增强心理调适能力和社会适应能力，为大学生全面发展创造相应的条件。

（三）开展大学生积极心理健康教育是德育工作的需要

随着社会的不断变化和发展，高校德育工作面临更加复杂的形势和任务。传统的德育模式已经无法满足新时代大学生的需求，因此需要引入现代化的教育理念和方法来提升德育工作的实效性。积极心理健康教育作为一种新的教育类型，是加强和改进德育工作的重要保证，能够有效地帮助大学生树立正确的人生观、价值观，增强他们的心理健康和适应能力。

第一，积极心理健康教育能够帮助大学生树立正确的人生观和价值观。在现

代社会中，大学生面临着巨大的压力和挑战，很容易迷失方向，产生困惑和焦虑。开展积极心理健康教育，可以帮助学生认识到自己的优点和缺点，树立正确的人生目标，明确自己的人生价值，并且能够积极面对困难和挫折，提高心理素质和抗压能力。

第二，积极心理健康教育可以促进大学生的个性发展和全面成长。大学是培养人才的关键时期，学生的个性发展和全面成长至关重要。开展积极心理健康教育，可以引导学生发展积极向上的个性特点，培养学生的创新意识和实践能力，提高他们的综合素质和竞争力。

综上所述，将积极心理健康教育作为德育工作的重要组成部分，对于提升德育工作的实效性和适应新形势的需要具有重要意义。它能够帮助大学生树立正确的人生观和价值观，促进大学生的个性发展和全面成长，从而有效地推动德育工作的深入开展。

（四）开展大学生积极心理健康教育是自我发展的需要

开展积极心理健康教育是大学生自我发展的需要，大学生要想成为出类拔萃的人才，不仅要有良好的身体，还要有健康的心理，并且两者还要有机地结合在一起。大学生正处在迅速走向成熟但又未完全成熟的过渡时期，在这一时期，他们的各种心理活动异常活跃，同时也充满了矛盾与困惑。在这一年龄段，他们的自我调节能力还不完善，当面临新的环境、学习压力、人际关系等一系列问题的时候，常常会因为遇到挫折、困扰而产生情绪波动。开展积极心理健康教育可以使那些心理健康的学生尽快地缩短适应期，形成积极心理品质，提高学习的效率，也可以使有心理障碍的学生尽快恢复到健康的状态。

同时，积极心理健康教育对于构建和谐社会和实现中华民族的伟大复兴具有非常重要的意义。它能够提供积极的心理基础和社会精神动力，提升个体的心理免疫力和抵抗力，使其能够更好地适应社会变化和挑战。特别是对于大学生群体而言，积极心理健康教育是培养和发展良好心理素质的有效方法。因此，需要进一步加强对大学生积极心理健康教育的认识和推广，这将有助于培养更多具有良好心理素质的优秀人才，为国家的繁荣和民族的发展做出更大的贡献。

三、大学生积极心理健康教育的价值构成

大学生积极心理健康教育的价值不应只是培养积极心理品质，还可以从以下三个角度论述积极心理健康教育的价值。

（一）从积极心理健康教育的功能看

积极心理健康教育是与传统心理健康教育相对的，积极心理健康教育的功能是相对于传统心理健康教育而提出的。传统心理健康教育的功能主要表现在发展性、预防性和补救性三个方面，更多的是强调预防性和补救性，发展性常常被忽视。积极心理健康教育不仅注重基于人的全面发展的内部功能，还注重对整个教育体系影响的外部功能。

积极心理健康教育从个人内部发展角度看，首先，将大学生获得心理知识作为发展能力、形成良好心理品质的基础；其次，塑造大学生良好心理品质——积极心理健康教育的主要功能；最后，使学生掌握科学的心理方法。授人以鱼不如授人以渔，积极心理健康教育的过程就是心理方法的使用和学习的过程，大学生在其中可以逐步学习掌握观察法、记忆法、思维法、心理暗示法、心理调节法等科学方法，并将其运用至现实生活中。从对整个教育体系的影响来看，积极心理健康教育注重教育发展和人类的幸福感，不再局限于个人，更多的是从教育体系的角度审视，注重对教育的多方面进行融合，实现整体幸福感。

（二）从积极心理健康教育的主体看

关系理论认为，事物的价值取决于主体与客体间的关系，而主体与客体间的价值关系，即需要与满足需要的关系。人本主义代表马斯洛提出"需求层次理论"，强调人的需要得以满足的重要性。积极心理健康教育受人本主义影响，其价值在于能够满足主体的需要。

积极心理健康教育是一种多边互动的关系，在互动中，积极心理健康教育的主体与客体之间相互转化并存在多个主体，这些主体包括学生、教师、家长、社会等。首先，积极心理健康教育对于大学生这一主要主体的价值在于满足其心理需要，使其获得心理知识、发挥潜能、塑造良好心理品质。其次，积极心理健康教育对于教师主体的价值在于教师在不断学习、应用、深化心理知识和方法中提升心理素质。保持乐观、健康的心态，对于教师的个人成长和自我完善也很有意义。再次，积极心理健康教育不仅包括学校教育，还包括家庭教育，其对于家长主体的价值在于家长学习心理知识、发挥能力、形成良好心理品质，促进个人成长，从而营造良好的家庭教育环境，巩固高校积极心理健康教育之于学生的成效。最后，积极心理健康教育对于社会的价值在于其面向全体学生、面向社会，全面提高人的心理素质，对社会的发展具有重要意义。

（三）从积极心理健康教育的结果看

积极心理健康教育价值从个体、群体和社会三个层次的教育成果方面进行阐述。从个体层面来看，学生、教师、家长这些教育主体，在参与积极心理健康教育的过程中学习成长，使大学生的潜能得到开发，心理素质得以提升，良好心理品质得以塑造，人格得以完善，会学习、会合作、会创造，能承担风险迎接挑战，成为符合社会需要的人才；从群体层面来看，积极心理健康教育培养了人们的宽容、乐观、同理心、合作等良好心理品质，有助于调节人际交往，形成团结、友爱、和谐的群体关系；从社会层面来看，积极心理健康教育培养了具有良好心理素质的人才，满足了社会对高素质人才的需求。

第二章　大学生自我意识与心理素质训练

大学阶段是自我意识迅速发展的特殊时期和关键时期。在大学生自我辨析的过程中，会经受一系列的矛盾、冲突、迷茫和苦恼，也会产生不少心理问题。但正是在解决这些问题的过程中大学生不断地认识自我，逐渐走向完善与成熟。健全的自我意识是大学生塑造健康人格、培养良好情绪的基础，也是大学生良好心理素质培养的重要条件。本章围绕自我意识概述、自我意识的发展、大学生良好自我意识的培养、大学生自我意识心理素质拓展训练等内容展开研究。

第一节　自我意识概述

一、自我意识的概念

（一）意识

意识是指个体基于感觉、知觉、记忆和思维等心理活动过程的系统整体，对自己身心状态与外界环境变化的觉知和认识。一般来讲，意识是个体对外界环境刺激、内心感受、记忆和思维的觉知及对自身行为和认知活动产生、维持和终止的调节与控制。

（二）自我意识

自我意识是意识的一个分支，自我意识体现出对待自己和认识自己的统一，是个体对自我内心活动总体状态的认识与觉知。

美国心理学家威廉·詹姆斯（William James）的著作《心理学原理》中，把自我分为客体自我和主体自我。社会、认知、行为和描述心理学为客体自我提供了理论支持；进化理论则为主体自我提供了理论支持，把注意力放到了自我的生物基础上。个体在自我这一层面上是一个有意识的行为实施者，具有学习、理解、记忆、交流和适应环境的能力。主体自我也支持心理分析中的自我概念，在心理分析理论中，自我需要平衡并解决自己和外界的矛盾。相反，作为目标追求的理想自我或可能自我，是与客体自我概念（而不是与主体自我概念）相对应的。

在客体自我这一层面，强烈的自我效能感和个体的高自尊会增强个人力量并促进个人能力的提升。当我们的自我评价保持积极态度（具备高自尊），并深信自己有能力通过不断努力实现个人目标（增强自我效能感）时，我们将更有可能感受到幸福和保持健康的生活状态。对主体自我来说，我们则能够有效地面对并解决生活中的挑战，能有效利用适应性防御机制来处理自我心理冲突。当我们利用恰当的应对策略去面对并解决生活中的挑战时，利用恰当的防御机制解决某些攻击和社会冲突引起的焦虑时，我们的生活也可以变得更美好。

客体自我接受主体自我的态度与命令，使个体的各方面条件符合社会的要求。同时，主体自我则会根据社会规范随时随地实现对客体自我的调节。主体自我和客体自我这两个方面通过社会交往逐渐分明。

个人的自我意识是其最高品质的本源。自我意识为个体有效区别"自我"和世界的能力奠定了一定的基础，并给予了个体时间感，使其能够暂时从此时此刻脱离出来，想象之前或之后的自己。自我意识的能力同样是个体运用符号能力的基础，即让某个事物变得更抽象的方法，如组成"桌子"的这两个字，约定俗成地代表着这一类的东西。

二、自我意识的特征

自我意识具有能动性、系统性、统一性、矛盾性、独特性、社会性等特征。

（一）能动性

自我意识的能动性是指个人不仅能够按照客观评价和自我实践形成对自己的意识，而且能够按照自我意识来对自身的心理活动和行为进行控制和调整，即指人能自觉、主动地认识、调节和控制自己。

个体的能动性在自我意识和自我提高的过程中起着非常重要的作用。个体能够积极主动地认识自我、评价自我，并且能够自我监督、自我批评、自我鼓励、自我教育，这些都是个体能动性的表现。在同样的社会环境中，个体之间的差异不仅取决于他们的客观条件，还取决于他们的主观能动性。个体可以客观评价自我，表现出谦虚好学、不断进取的个性。那些不能正确评价自我、表现出自高自大或不思进取的人，往往缺乏自我意识和自我提高的能力，他们可能更倾向被动地接受外部环境的影响，缺乏自我驱动和自我激励的能力。

（二）系统性

自我意识是意识中非常重要的组成部分，也是人心理发展的高级阶段。现代心理学往往把人的心理活动分为知、情、意三个部分。自我意识不仅包括对自己形成的认知，而且也包括认知后产生的情感体验及基于自我认识与自我体验产生的对自我的态度与要求的意向。

（三）统一性

自我意识的统一性是指自我意识能够保持一致。个体自我意识在发展的过程中，总是受到来自社会各个方面的影响，直至青年期，个体自我意识才能真正地稳定下来。青年期以后，个体对自我的基本认识和基本态度就会保持一贯。个体自我意识越是成熟健康，就越能够对自己有清晰的定位，否则就会出现统一性偏差。

（四）矛盾性

个体自我意识从产生到发展要经历一个不断变化的过程。个体在不同的成长时期，自我意识常常会出现一些矛盾性。例如，理想自我与现实自我的矛盾和混淆。前者总是要超出后者许多，使二者之间产生一个较大的差距。此外，个人自我和社会自我也可能发生矛盾和混淆。

（五）独特性

自我意识具有独特性，这一特征主要表现在以下两方面。

第一，每个人的自我意识都是自我个性中不可或缺的组成部分，它具备其他人所没有的个性和特点。

第二，自我意识从产生到发展再到最终成熟，是一个由被动到主动的过程。在这个过程中，个体所处的环境不同，导致个体自我意识具备了独特性。同时，他人的评价也会给个体造成独特的心理感受，影响个体的心理发展。

（六）社会性

自我意识是人们在社会中逐渐形成和发展起来的，因而它是社会的产物。它的发展过程，实质上就是个体社会化的过程。只有在社会环境中，个体才能够发展和成长，才能对自己和周围世界有一个清晰的认识，意识到自我的社会存在，即形成了自我意识。因此，通过社会，个体才能对自己的特点及自己在与他人的关系中处于什么样的地位有一个明确的认识。

三、自我意识的分类

人格心理学理论流派众多，每一种人格理论都对自我意识的理解和分类有独特的理解与解释。

（一）本我、自我、超我

完整的自我人格结构包括本我、自我和超我三大部分。

本我，即完全处于潜意识之中的本能的我。本我被描述为一个混沌的世界，包含了一团杂乱无章、很不稳定的本能欲望。这些欲望通常是未开发的，被压抑的，并且可能违反了现代社会的伦理道德和法律规范。本我遵循的是快乐原则，也就是说，他追求的是立即的满足和快乐，而不考虑后果或代价。他完全不懂什么是价值、善恶或道德，只关注自身的需要和欲望，并寻求不惜一切代价来满足这些需要。

自我被视为人格的执行者，负责管理本我和超我之间的冲突。自我是一种面对现实的我，他通过后天的学习和环境的接触而发展，是意识结构的一部分。自我被视为本我和外界环境的调节者。他必须平衡本我冲动和外部环境的现实要求。自我必须满足本我的需要，同时制止违反社会规范、道德准则和法律的行为。他遵循的是现实原则，这意味着他优先考虑现实的解决方案，而不是追求立即的满足感。

超我是从自我中分化和发展出来的，是通过儿童时代对父母道德行为的认同、对社会典范的效仿及接受文化传统、价值观念和社会理想的影响而逐渐形成的。超我是人格结构中的最高部分，负责管理道德行为和价值观念。他由道德理想和良心构成，为人类生活的高尚行动提供动力。超我通过自我典范（即良心和自我理想）对道德行为的标准进行确定，并通过良心对违反这些标准的行为进行惩罚，从而使人们产生一种内疚感。超我的作用是确保我们的行为符合道德和伦理的要求，他促使我们在做出决策时考虑更广泛的社会利益而非仅仅追求个人满足。然而，超我的要求有时可能与本我的需求发生冲突，这时便需要自我进行协调。

本我、自我和超我之间是相互作用、相互联系的关系，他们之间的平衡和协调对于个体的心理健康和行为表现至关重要。本我是人格结构中最基础的部分，他代表着个体的本能冲动和欲望。本我追求快乐，寻求满足，而不考虑现实条件和社会规范。自我处于本我和超我之间，充当着调解者的角色。他必须平衡本我的欲望和超我的限制，同时考虑现实条件。自我必须寻找满足本我需要的事物，但也要服从超我的强制规则,并确保行为符合超我的价值观。超我是人格结构中的最高部分,代表着道德准则和价值观。超我通过良心和自我理想来限制本我的冲动,并确保行为符合社会规范。因此,自我扮演着难当的角色,必须协调本我和超我之间的冲突和矛盾。如果自我无法处理这些冲突,人格结构就会失衡,导致不健全人格的形成。

(二)生理自我、社会自我、心理自我

从自我意识的内容上来看,可以将自我意识分为生理自我、社会自我和心理自我。

生理自我是指个体对自己的身体、生理状态的认识、体验,如身高、体重、容貌、温饱感、舒适感、病痛等。生理自我是与生俱来的,如果我们不接纳生理自我,如嫌弃自己不够高、不够美等,就容易自卑。大学生正处于青春期,处于对生理自我高度关注的时期。

社会自我是指个体对自己在社会关系、人际关系中角色的认知,也就是个体对自己与周围关系的认识和评价,包括个体对自己在客观环境及各种社会关系中的角色、地位、权利、义务、责任等的意识。社会自我主要受他人看法的影响。例如,与父母、同伴和教师的关系及自己在这些圈子里的地位,生命中的重要他人,以及父母、教师和好友对待我们的态度都会极大程度地影响社会自我的形成。

心理自我是指个体对自己心理特征的意识,也可称为精神自我,包括对自己的心理活动、个性特征、心理品质等方面的认识。心理自我是个体自我意识的核心,在自我意识的发展中起着重要的作用。心理自我随着个体的年龄、阅历、文化水平、心理水平等的发展而逐渐成熟。他使得个体按照需要,对自己的心理和行为进行调节和控制,从而能够对自己的经验和观念进行修正。

生理自我、社会自我和心理自我具有紧密的关系,三者之间相互影响,又都涉及不同的自我控制、自我体验和自我认知。每个个体的这三者的比例和地位不同,导致个体间的自我意识有或大或小的差异,这就塑造了每个人对人、对事的不同看法和感受。

(三)现实自我、镜中自我、理想自我

从自我观念来看,可以将自我意识分为现实自我、镜中自我和理想自我。

1. 现实自我

现实自我是指个体自己对现实生活中的我的认识,所探寻的是自我的真实状态,剖析"我实际上是个什么样的人"。例如,有同学说:"我是一个乐观、开朗、积极向上的人。"

2. 镜中自我

镜中自我又称他人自我,是指个体想象自己在他人心目中的形象或他人对自己的看法。镜中自我与现实自我总是存在差异的,然而,当这种差异过大时,个体往往会产生不被他人理解的感受。

3. 理想自我

理想自我是自己对将来的我的想象,其涉及的根本问题是"我想成为怎样的人"或"我应当成为怎样的人",这也是个体追求的目标。例如,有同学说:"我希望自己能成为一个乐观、开朗、积极向上的人。"理想自我与现实自我也会存在差异,但若差异过大,就会导致一些问题,如当理想自我过高时,个体会出现自我的不接纳、自卑等;当现实自我过高时,往往又会使个体的潜能无法得到充分发挥。

四、自我意识的来源

自我意识是人类特有的,并不是与生俱来的,是个体在后天的环境中通过与他人进行互动而慢慢形成的。一般来讲,大学生对自己的认识主要通过以下四个方面。

(一)他人的反馈

通常而言,他人可以较为清晰地反馈自己的能力、性格等,从他人的评价中,人们能够更加了解自己。例如,当教师告诉学生要更加主动、更加勤奋时,学生就可以从中知晓,自己的勤奋度和主动性不足,特别是当不止一个人都向其表达相同的看法时,这种看法就会被其相信,使其认为自己就是这样的,因此,激励格外重要。

(二)反射性的评价

在实际生活中,那些与自己生活联系不紧密的人有时无法给出明确的反馈,但人们仍然可以通过对方的态度和反应来对自己进行了解。"镜中我"理论指出,自己感知自身和别人感知自己是一样的,镜子中的"我"和别人眼中的"我"都是感知的"象"。常常以别人的看法为依据来看待自己的过程被称为反射性评价。

(三)自身行为的判断

在自我知觉理论看来,当内部线索比较模糊或微弱的情况下,人们会按照外在行为对自身进行推断,如学生参加学雷锋、植树等公益活动时,就会认为自身的行为是高尚的。然而,大多情况下,人们了解自身的依据还是情绪、想法等内部线索,并且外在行为容易受到压力影响也更易伪装,因此,内部线索比外在行为更准确。

(四)社会的比较

社会比较理论认为,由于人们非常渴望准确地认识自我,在没有明确的标准时,常常会将他人作为比较的标准。大学时期是一个人人生中非常重要的发展阶段,大学生的人生目标、生活态度、价值观念等都处在形成过程中,社会比较为大学生认识、了解和发展自我提供了重要标尺,也是个体认识自我的重要途径。社会比较可以使自我得到一定程度的优化,但自我比较也并不一定都是积极的,它分为上行、下行和平行三种比较,个体具有不同的目的和动机时,所采用的社会比较策略也不同。

五、自我意识的心理功能

(一)决定个体行为的持续性与目标性

人的行为既受社会因素影响又与自我意识有关。人是社会性动物,其行为受到诸多社会因素的影响。但是,每个人的现实行为并不只是由其所处的情境决定,还与自我意识密切相关。积极的自我意识可以促进大学生的成就动机、学习投入和学习成绩,而消极的自我意识则可能导致学生认为自己声名不佳,从而放松对自己行为的约束。因此,个人的自我意识对于其行为具有重要的影响。

(二)决定个体对经验的解释

一个人的自我意识会影响其对于自己和他人的评价和理解,从而决定其对经验的解释和感受。具体来说,如果一个人的自我意识比较消极,他可能会将每一种经验都与消极的自我评价联系在一起,即使这种经验在其他人看来可能是积极的。例如,对于一个自认为能力一般的学生来说,他可能会将比较好的成绩解释为取得了极大的成功,感到十分满足;而对于同样的成绩,一个自认为能力优秀的学生可能会解释为遭到了很大的失败，并体会到极大的挫折。相反，如果一个人的自我意识比较积极，他可能会将每一种经验都赋予积极的含义，即使这种经验在其他人看来可能是消极的。例如，一个拥有积极自我意识的学生可能会将失败看作学习的机会，将挫折看作成长的机会。

（三）影响个体的期望水平

自我意识影响个体对未来事情发生的期待，这是因为个体对自己的期望是基于自我意识而发展的，并与自我意识相一致，其后继的行为也在一定程度上取决于自我意识的性质。

差生的成绩落后并不是孤立存在的，而是他的整个行为动力系统都发生了角色偏离。对于普通学生而言，成绩长期落后是不正常的，但对于差生而言，这是与其自我意识相一致的。由于他们整个行为动力系统发生了偏离，并在偏离的状况下形成了新的自相一致的系统，即落后的学习成绩正是差生自己"期待"的结果。

（四）提高个体的认识能力

受到多方面条件的限制，人们在实现理想自我时总是会遇到各种各样的困难，导致个体有不同程度的挫折感产生。这时，自我意识就会把人的心理活动客观地反映出来，人就会反省自己的认识、意志、情感、行为等，找到受挫的主观或客观原因，并重新定位理想自我，使其与现实自我趋于统一，这就大大提高了人的认识活动的效能。人们要想实现理想自我，充分发挥自己的才能和机智，就要不断地认识自我。通过认识自我，人们才能发现之前活动中存在的不足，才能重新调整自己的认知策略，使认知活动更加完善，更加有效。

六、自我意识的作用分析

（一）调节控制作用

自我意识在大学生个体社会化中具有调节控制作用。大学生尤其是高年级大学生自我意识的发展已达到成熟的水平。自我意识在其自身的社会化过程中具有调节控制作用，表现在以下三方面：一是在评价自身的价值、能力等基础上选择与之相适应的生活方式和行为方式；二是用社会评价标准反思自己过去的言行，以调整自己和社会规范之间的关系，使个体与社会趋向协调一致；三是对自身与周围环境进行再认识，判断自己的社会地位，以履行社会和集体所期望的权利和义务。大学生自我意识由矛盾向统一转化，并趋向于稳定，这使大学生个体的社会化程度总体上向高层次迈进。

（二）目标导向作用

成功的事业需要明确的目标和自我认识，只有明确自己的目标和追求，才能更好地制订计划和行动方案，并有效地发挥自身的优势和潜力。一个人通过正确的自我认识，可以明确自己的"理想自我"，即希望成为的样子和达到的状态。这样的自我认识可以为个人的发展确定目标，对个人的认知、情感、意志和行动产生重大影响。在从事一项活动之前，个体会根据自己的目标和期望，制订相应的计划，并将活动的目的和结果以观念的形式存在于头脑中。个体可以依据这个观念来指导自己的行动，以实现预期的目标。

（三）内省和归因作用

自我意识对于个体的成长和发展非常重要。它不仅可以帮助个体确立自己的目标和理想，进行自我规划和自我控制，而且能够在遇到挫折和困难时进行自我反省和调整，找到问题出现的原因并采取有效的行动来解决问题。具有健全自我意识的个体，能够认识到自己的优点和不足，明确自己的目标和价值观，制订实现这些目标的计划和行动方案。同时，他们也能够对自己的情感、动机和行为进行反思和调整，以实现自我提高和完善。这种自我反省和自我教育的过程是个人成长和发展的重要驱动力。然而，由于主观或客观条件的限制，个体的理想自我往往难以完全实现，会遇到各种挫折和困难。在这种情况下，具有自我意识的个体可以进行内省和归因，找到目标受挫的主观原因，并重新调整自己的认知和行动，使现实自我得到提高和发展。这种自我监督和自我教育的过程是个人成长中的重要环节。

总之，自我意识与人才的成长和发展之间的联系十分密切，健全的自我意识在人的健康发展中有十分重要的作用和意义，可以说是人才健康发展的必备要素。

七、自我意识的相关理论

自我意识并不是与生俱来的，是人所特有的一种复杂的心理现象，个体的自我意识从无到有，最后达到成熟，经历了漫长的发展过程。个体的自我意识是在社会交往的过程中，在与周围环境长期相互作用的影响下，逐渐形成和发展起来的，它起始于婴幼儿时期，萌芽于童年、少年期，形成于青春期，发展于青年期，完善于成年期。不少心理学家对自我意识的发展进行了研究，许多心理学家对此也提出了一些精辟的理论。在心理学家所提出的关于自我意识的众多理论当中，弗洛伊德的人格三分结构论、米德的人际互动理论和奥尔波特的人格发展理论是被其他学者广为引用的理论。

（一）弗洛伊德的人格三分结构论

奥地利心理学家弗洛伊德是精神分析学派代表人物，他的人格结构理论和人格发展理论中都强调了自我意识的健康发展是以后心理健康的关键，认为人格由本我、自我、超我三部分构成。人出生时有一个本能的我，即本我，指原始的自己，他由先天的本能、原始的欲望所组成，处于最底层，只知道满足和释放而不知道约束自己，他遵循快乐原则，他像一个幼儿，容不得紧张、希望得不到满足，易冲动，无组织，非理性。自我是本我在与现实打交道的过程中分化出来的，因为本我是一种原始的快乐欲望，在现实生活中是行不通的，所以经过大脑思考就产生了一种自我的意识，让他来解决本我与现实的矛盾和冲突，这就是自我，他遵循现实原则来适应环境中的一些条件和限制，是人与外部世界的媒介，是一个人具有的符合现实生活的理智思维。超我是人格中最文明、最有道德的部分，它是社会道德的化身，遵循道德原则行事。

（二）米德的人际互动理论

美国社会心理学家米德从社会人际互动的角度阐述自我意识的发展过程。他认为，个体脱离他人就不可能形成自我，个体的自我意识是在个体借助语言符号与他人互动的过程中产生的。为此，他提出三阶段的自我意识发展模式。第一阶段是准备阶段，个体尚未掌握语言符号，不能借助符号与他人进行交往，属于自我的原始状态。第二阶段是模仿阶段，个体掌握了语言，学会模仿母亲、教师等"某个重要他人"，并能从对方的角度来看待自己。第三阶段是社会角色扮演阶段，个体扮演某个社会角色，并能从综合几个"重要他人"的角度来看待自己，将他们概括为泛化他人，从而将在"泛化他人"身上所体现的群体期望、社会规范内化于自身，形成自我。

（三）奥尔波特的人格发展理论

美国人格心理学家、实验社会心理学之父奥尔波特从人格发展的角度提出了自我意识的发展模式——从生理自我，到社会自我，最后发展到心理自我。他认为，个体从出生到三岁这一阶段的自我意识，是以躯体为基础的生理自我，这期间个体表现的行为是以自我为中心的,以自己的想法来解释外界,认为外部世界是为他而存在、以他为中心的,故而该阶段又称自我中心期。从三岁到青春期以前的十三四岁是社会自我阶段。个体通过在幼儿园参与反映成人社会生活的游戏活动,扮演各种角色,长大后通过参与学校生活,承担相应的社会责任和义务。他们在社会化过程中产生自我实现的需要和欲望,尤其是在成就动机的推动下,努力学习,表现出与社会要求相符的行为,以实现与社会期望相符的社会自我。这是个体接受社会文化影响最深的阶段,所以又称客观化时期。心理自我阶段是指从青春期到成年的约十年时间,这一阶段的特点主要表现在自我意识的四个方面。

第一,个体开始用自己的观点来认识和评价客观事物,将自我意识作为个体认识外部世界的中介因素。这使得个体的思想和行为具有浓厚的个性色彩,个体对于事物的认知和评价会受到个人的观点和经验的影响。

第二,个体会从自己所见到的人格和身体特征出发,强调相应事物的重要性,形成特有的价值观体系,以指导自己的言行,并提高自己在社会中的地位。个体开始形成自己的价值观,并根据这些价值观来决定自己的行为和选择,以达到个人的目标和追求。

第三,个体在这一阶段开始追求生活目标,并形成与自己的价值观相一致的自我理想。个体会根据自己的价值观和兴趣来确定自己的生活目标,并努力实现这些目标。这些目标和理想能够激励个体前进,给予他们对未来的期望和动力。

第四,个体的抽象思维能力在这一阶段得到显著提升,使自我意识能够超越具体的情境,进入更广阔的精神领域。个体具备更深入且复杂的思考与解析能力,对抽象概念和理念有着更卓越的领悟和运用。

总之,个体身心在这一阶段发生了急剧变化,想象力、逻辑思维能力的迅猛发展,使自己在客观化时期从社会上所吸取来的东西得到独立的综合加工,并使之具有浓厚的个体主观性,故而该阶段又称为主观化时期。个体的自我意识就在这个阶段得以成熟。

第二节 自我意识的发展

自我意识并不是与生俱来的,也不是一蹴而就的,是在社会交往的过程中随着语言和思维的发展而发展起来的,经历了从无意识到有意识、从不自觉到自觉的较长的发展过程。在人生的每一阶段,人的自我意识都呈现出不同特点。纵观自我意识的形成过程,我们可以把它分成四个时期。

一、自我意识的萌生时期

在生命降生之初是不具备自我意识的。他们无法意识到自己与外界事物的区别,将自己与外界混为一体。大约在 8 个月大的时候,婴儿的生理自我开始萌生,这可以看作自我意识的最初形态。随着儿童的成长,大约在 3 岁时,自我意识有了新的发展。儿童开始出现羞愧感和疑虑感,当他们做错事时会感到羞愧,当遇到矛盾时会感到疑虑。此外,他们还出现了占有欲和嫉妒感,希望独自占有自己喜爱的东西。例如,对母亲对其他儿童的关心和喜爱产生嫉妒感。在这个阶段,儿童开始更频繁地使用第一人称代词"我",并要求自我独立。他们的行为仍然以自我为中心,将自己的想法和情感投射到外部世界。这一阶段的发展标志着儿童自我意识的逐渐形成和发展。随着成长和经验的积累,儿童的自我意识将进一步发展,逐渐形成独立的个体意识和对自己与外界的区分。

二、自我意识的形成时期

从 3 岁到青春期是个体接受社会化影响最深的时期,也是学习角色的重要时期。在这一时期,个体通过在家庭、幼儿园和学校中的游戏、学习和劳动,通过模仿、认同和练习等方式,逐步形成了包括性别角色、家庭角色、伙伴角色和学生角色等在内的各种角色观念。通过这些活动和经验,个体开始了解和认同自己在不同角色中的行为和责任。同时,在这一时期,个体也开始获得社会自我意识。例如,意识到自己在人际关系和社会关系中的作用和地位,意识到自己承担的社会义务和享有的社会权利等。个体开始意识到自己是一个独立的个体,有自己的意愿和能力参与社会生活。然而,在青春期之前,个体的关注点主要放在外部世界,对自己的内心世界往往不够重视。他们意识到自己是一个主体,能够认识自己的行为,却不了解自己的内在状态。他们常常把自己的情绪看作一种客观现象,与行为一起出现，不理解情绪是主观感受。此外，他们还不擅长用自己的观点去认识世界，而是简单地采纳成人的观点来认识外部世界。

三、自我意识的发展时期

从青春发育期到青春后期是心理自我的发展时期，自我观念渐趋成熟。在青春期，个人在生理、认识或情绪等方面都发生了很大的变化，如性成熟、逻辑思维和想象力发展、感受性敏感等。这一时期，个人的自我意识经历了许多变化并具有相应的特点。

首先，自我意识在这一阶段分裂为作为观察者的"我"（I）和被观察的"我"（me）。这意味着个体能够从自己的观点出发，认识和考量自己的心理活动。个体可以自己的内心体验为基础，观察和思考自己的思想、情感和行为。这种分裂使个体能够意识到自己是一个主体，同时也是一个客体。

其次，个体能够透过自我去认识客观世界。也就是说，个体可以自我的观点来认识事物，而不仅仅依赖于他人的观点。个体开始独立思考和形成自己的观点，通过自我意识来认识和理解外部世界。

最后，个体的价值体系和理想自我的活动与自我观念的发展相联系。在这一阶段，个体常常强调自己所具有的个性特征的重要性，并追求与自己的价值观相一致的目标。个体的自我意识发展与价值观、个性特征和自我理想的形成紧密相关。

青年期的自我意识发展会经历明显的分化、矛盾和统一的过程。这种分化和矛盾的存在会导致青年内心的冲突和不安感。在青年期，个体的自我意识明显分化，即主体"我"和客体"我"的矛盾冲突加剧。主体"我"代表个体内部的自我意识，而客体"我"代表个体在外界社会中的形象和角色。由于个体的理想和期望与现实的自我形象存在差距，矛盾和冲突不可避免地产生。这种分化和矛盾导致了个体对自我的评价、态度、控制的波动和不稳定。个体可能会有矛盾的自我评价，时而看到自己的积极方面，时而看到自己的消极方面。他们对自我可能会有时而肯定、时而否定的态度。对于自我控制和行为决策也可能感到不自觉和不果断。青年期的个体常常会经历对自我形象的多重观察和评价。他们时而能够客观地评价自己，时而不能；时而感到自信，时而感到无能。这种波动的态度和评价反映了个体自我意识的分化和矛盾。

四、自我意识的完善时期

青年期之后的个体自我意识发展是一个完善和提高的阶段。在这个阶段，个体经历了更深层次的矛盾和斗争，试图重新实现主体与客体、理想与现实的统一。这种统一的实现是在新的水平与方向上的协调一致，使现实自我努力符合理想自我的要求。这个过程中的矛盾斗争会有两种可能的结果：积极的结果是个体形成了一个新的真实的自我，增强了自信并努力奋斗，有利于个体的发展；消极的结果则是形成了一个扭曲的自我，可能会表现为自卑或自负，对个体的成长和发展造成负面影响。

自我意识的形成和发展过程，正是个体人格成长的过程。忽视每个阶段的健康成长都可能给个体带来一生的遗憾。因此，重视和促进个体在青春期及青年期之后自我意识的发展，对个体的成长和发展具有重要意义。

第三节　大学生良好自我意识的培养

一、大学生自我意识的冲突

大学阶段是自我意识迅速发展和趋于完善的重要时期，大学生自我意识的发展呈现出如下积极的特点。

①自我认识自觉、符合实际，具有客观性，即大学生对自我的认识和评价基本与外界一致，并且自觉地根据社会的要求来对自己进行评价和设计。

②自我体验敏感、强烈，具有丰富性，即大学生自我体验的情绪、情感基调是积极的、健康的，大多学生都能喜欢自己、对自己感到满意，自尊、自信、好胜。然而，自我体验带有情境性和波动性。

③自我调控主动、持久，具有积极性，即大学生在自我调控方面不仅积极主动，而且能够按照一定的标准和要求长期有效地调控自己的心理、语言和行为，使之服务于理想自我的实现。

④强烈关心自己的发展，即随着知识的积累和年龄的增长，围绕个人发展、个人和社会的关系，大学生可以主动、积极地探索自我。

同时，大学生的自我意识也面临一系列的矛盾冲突，具体表现为以下几点。

（一）理想自我与现实自我的冲突

大学生自我意识的矛盾表现集中于理想自我与现实自我的差距。大部分大学生对自身的未来及职业发展是有憧憬和期许的，对当前的学习生活也有理想化的期待。然而，由于现实条件与自己的理想相差甚远，这在很大程度上给大学生带来了苦恼和冲突。这种冲突和差距，通常可以成为激发学生积极进取、发奋学习的动力；然而，如果理想自我和现实自我很难趋近、协同、统一，则会引起自我的分裂，进而导致一系列心理问题。

（二）独立意识与依附心理的冲突

大学生在步入大学之后，独立意识得到了快速发展。在人与人的关系中，独立意识主要表现为不依赖他人而独立行动的意向；他们希望能在思想、生活、学习、经济等方面独立，希望摆脱成人的管束，自主地处理所遇到的一些问题。然而，大部分大学生一方面在心理上仍然依赖家长等成人，如由于缺乏社会阅历与经验，当遇到重大事件、突发事件时，往往又盼望亲人、教师、同学能够给予自己支持；另一方面，大部分大学生还需要家长提供经济上的支持，以保障在校的学习和生活，因此无法实现真正意义上的人格独立。这种独立意识与依附心理的冲突往往会使部分大学生陷入痛苦之中。

（三）交往需要与自我闭锁的冲突

处于青年中期的大学生，自我意识有了新的发展，情感丰富、充满活力、好奇心强，加上远离家乡，生活空间扩大，他们的交往愿望变得非常强烈，渴望得到理解，寻求归属和爱。一方面，他们渴望寻找知心朋友，与其分享自己的思想和情感，尝试探索人生的真谛；他们想找到与自己有相似经历和感受的人，希望能得到理解和支持。但另一方面，大学生也存在自我闭锁的倾向，这可能源于对自己的不完美感和怕被他人评判的担忧。他们在公开场合很少表达真实的意见，害怕被别人质疑或嘲笑。正是这种交往需要与自我闭锁的矛盾冲突，使得不少大学生备受"孤独"的煎熬，这也是为什么大学生常常感到"大学时期的交往不如中学时期那么真诚"的原因所在。

（四）自信心与自卑感的冲突

大学生的自我意识还处于发展过程中，心理尚未成熟，因此对自我的认知会存在偏差，即出现盲目的自信或过分的自卑。进入大学后，面对更高的学术要求和与其他优秀同学的比较，学生可能会感到压力增加。同时，大学生活中也会面临各种挑战和困难，如适应新环境、建立社交关系等。这些因素都可能导致大学生产生自卑心理。一些大学生对大学生活有很高的期待，但是许多高校的校园环境、教学设施、教学管理和师资条件等都有待改善,与学生理想中的大学相去甚远,常常会使他们产生强烈的失落感,出现自我厌恶的情绪。在这些大学生的内心深处,自信心和自卑感常常处于一种冲突状态。

二、大学生良好自我意识的标准

自我意识在很大程度上影响着人的心理健康,并对人格的形成和发展具有一定的制约作用,在人格优化方面具有强大的动力功能。

(一)自我定位准确

自我定位准确,即可以对自我进行准确的认知与评价。一般来讲,其是指能够不夸大自己的优势与不足,能够明确认识自己的现状与未来,并能够准确地制订符合实际的规划,既不好高骛远,也不妄自菲薄。

(二)积极而乐观

对于健全自我意识的形成而言,积极乐观的自我体验和评价至关重要。大学生进入大学后,面临着学习和生活方式的变化,同时也面临着更多的社交和人际交往。在这个过程中,大学生的自我评价能力得到了迅速提升,自我体验也受到社会需求和主体意识与客体相互关系的影响。然而,由于大学生面临各个方面的竞争和社会变革时期的各种压力,如果大学生不能正确评价自己,就可能产生消极的自我体验。这种消极的自我体验可能导致一系列的不良后果,如放弃学业、封闭自我、消极厌世、行为夸张、偏激主观等。

因此,要以积极乐观的态度去对人与事予以认识和评价,并以客观理性的方式对现象背后的真正原因予以分析,而不是过于主观和片面地看待问题。只有这样,个体才能体验到愉悦的情绪,才能培养积极的人生态度和健康的观念。

(三)自尊和自信

在新的时代背景下,自尊和自信是大学生必须面对的重要课题。大学生应该树立正确的自我认知,培养自尊和自信的品质,以应对未来的挑战和机遇。

自尊是指一个人对自己持肯定态度,尊重自己的言行和人格的情绪体验。它是个体要求尊重自己的自我意识倾向,维护自己的荣誉和社会地位。自尊是获得良好发展的前提条件,是个体建立自信、自立和自强的基础。只有拥有自尊的个体才能够真正肯定自己的能力和价值,从而建立起自信。自信是个体基于对自己的充分肯定而建立的一种信心,它推动个体的心理和行为更为积极的发展。

在大学生活中，自尊和自信是非常重要的。通过培养自尊，个体可以建立起对自己的积极评价和肯定，从而增强自信心。自信的个体更有可能独立思考、自主学习、积极参与社交和拓展人际关系；更有勇气面对挑战和困难，更有动力追求自己的目标。

（四）自主并善于合作

自主与合作是相辅相成的，它们在社会互动中起到了重要的作用。自主是指一个人可以独立地分析思考问题，自我意识倾向明确，且拥有独立的见解，不受他人暗示。自主的人善于独立处理问题，有一定的主见，可以独立地对自己的行为进行支配。自主的人不仅能够独立思考问题，还能够独立决策和行动，不依赖他人的意见和帮助。合作是指人与人、群体与群体之间在社会互动中为了达到互动双方都有某种益处的共同目标而彼此相互配合的一种联合行动。合作是一种相互合作、相互依赖的过程，通过合作，人们可以发挥各自的优势，实现共同的目标。合作可以加强资源的共享和优势的互补，提高效率和质量，促进共同进步。

（五）"自我同一性"良好

生理自我、心理自我和社会自我之间的联系与相互影响是非常密切的，它们共同构成了个体的自我认知、自我体验和自我控制，而这些又决定了一个人对自己、对他人和对社会的独特看法和体验。生理自我是指个体对自己生理层面的意识和认知，涉及身体感知、健康状态及生理需求等。心理自我是指个体对自己心理层面的意识和认知，涉及情绪、价值观、自我评价等。社会自我是指个体对自己在社会关系中的地位、角色和社会认同的意识和认知。这三个自我相互交织，相互影响。一个人的身体状态会影响其心理感受和社会行为，情绪和价值观的变化也会影响其身体健康和社会交往。生理自我、心理自我和社会自我之间的和谐统一，可以促进自我发展和心理健康。相反，如果存在矛盾和冲突，就容易导致自我认同的困惑和心理问题的发生。

大学生面临着许多压力和挑战，特别是就业压力给他们带来了很大的困扰。在这种情况下，大学生很容易出现对自我认识模糊的情况，不知道自己是谁，以及在他人眼中是什么样的。因此，大学生要尽早建立"自我同一性"，这对于他们的心理健康至关重要。

（六）行为协调

自我意识良好的人，有主客观相统一的理想追求，对自己不会提出苛刻的、非分的期望和要求。大学生富于理想追求，但主观愿望与客观条件有时难以达到统一，而且往往是客观条件落后于主观愿望，这是可以理解的。要使自己的心理状态达到平衡，并使自己顺利地达到目标，就要让主观和客观条件达到基本统一，具体表现为以下两点：一是个体能认识到自己的优势与不足，看到客观条件提供的可能性、现实性，使自己的行动尽量切合实际，去掉或者降低不切实际的要求，从实际出发，踏踏实实地采取行动，积极地追求理想。二是能正确对待挫折。挫折是在有目的的活动中，遇到无法克服或自以为无法克服的障碍和干扰，使个体需要和动机不能得到满足而产生的消极情绪。具有良好的自我意识的人，能正确地进行自我评价，不会或较少将一些可以克服的障碍和干扰误认为是自己无法逾越的鸿沟；即使遇到挫折，也有较强的心理承受能力，不会轻易被挫折打倒，能不断地排除消极情绪，积极面对和克服挫折，更好地适应环境、适应社会。

三、大学生良好自我意识的培养途径

（一）正确地认识自我

1. 创新自我认识的方法

（1）反省法——从我与己的关系中认识自我

个体可以通过自己眼中的"我"来认识自我，通过别人眼中的"我"来认识自我，以及通过自己心目中的"我"来认识自我，来形成对自我更全面、更客观的认识。

首先，个体可以通过自己眼中的"我"来认识自我。这包括对自己的能力、性格、特点等的认识。个体可以自省和反思自己的内在特质和能力，来形成对自我的认识。例如，个体可以问自己：我是否有能力完成某项任务？我是否具有随和的性格？通过这种方式，个体可以从内部的视角来认识自我。

其次，个体可以通过别人眼中的"我"来认识自我。在与他人的交往中，个体可以观察和分析他人对自己的态度和情感，从中获取对自我的认识。不同的人对个体的评价可能存在差异，通过观察和分析这些评价，个体可以了解自己在不同关系中表现出来的不同侧面。例如，个体可以反思自己在与不同人交往时的反应和态度，从中了解自己的亲和性和热情助人的程度。

最后，个体可以通过自己心目中的"我"来认识自我。理想自我反映了个体对自己的期望和理想。个体可以问自己：我对自己满意吗？我是否切实地追求自己的理想？通过反思和对比现实，形成对自己比较客观、全面的认识。

(2)比较法——从我与人的关系中认识自我

与他人比较是个人获得自我概念的重要信息来源。然而,比较的内容和参照标准不同,会导致对自我的认识产生不同的影响。有些人可能会将自己与他人比较,并认为自己处处不如同学或其他人。这种比较可能基于个人的背景和经历,如来自农村的大学生可能会感觉自己在许多方面不如城市出身的同学。然而,这种比较可能是不全面和片面的,只关注自己的不足之处,忽视了自己的优点和潜力。这种比较不仅缺乏实际意义,还可能导致消极的自我概念,对个人的心态和与他人交往的态度产生不良影响。

因此,对社会比较策略进行合理运用,并确立合适的参照体系,对于正确认识自我是非常重要的。个体应该意识到每个人都有自己独特的背景和条件,每个人的发展路径和目标都是不同的。个体应该将比较的焦点放在自身的成长和进步上,找到适合自己的参照标准,关注自己的个人价值和潜力。同时,个体也应该学会欣赏和尊重他人的成就和优点,以建立积极的人际关系和正向的自我概念。

(3)经验法——从我与事的关系中认识自我

个体在各种成败经验中可以获得很大的收获与成长。不管是成功还是失败,都是宝贵的教训和学习机会。从成功中学习,个体可以思考成功的原因和过程,分析自己的能力和优势,从而进一步发展和提升。成功可以增强个体的自信,激发其继续努力和追求更高目标的动力。从失败中学习同样重要。个体可以分析失败的原因和症结,找出自己的不足和错误,并从中吸取教训,改正错误,提高自己的能力和技能。失败并不意味着个体无能或者终止前进,相反,它是一个宝贵的机会,让个体更加谦虚、坚强,并以更好的姿态迎接新的挑战。那些因遇挫折而一蹶不振的个体需要认识到,失败并非终点,而是通往成功的一部分;需要学会面对现实,接受挑战,不断反思自己的不足,寻找新的解决方案,持续提升自我。对于那些成功后沾沾自喜、自大的个体来说,需要保持谦逊和谨慎的态度,认识到成功并非永恒,继续努力和学习,避免过度自满和麻痹。

个体通过对自身的观察和分析,可以形成对自己的客观认识和评价,从而更好地了解自己的能力、兴趣和发展方向。

首先,个体可以通过纵向比较来观察自己的成长和进步。通过回顾过去自我、现实自我和理想自我,可以看到自己在某些方面的改变和成长。这种比较可以帮助个体认识到自己的潜力和进步,并且可以为个体设定实际可行的奋斗目标。

其次,个体可以通过与他人的横向比较来观察自己的优势和差距。与他人的比较可以让个体更好地认识自己的优势所在，并找到自己在某些方面需要改进和提高的地方。这种比较可以提醒个体保持谦虚，并且鼓励个体努力学习和进步。

最后，个体需要经常进行自我反思。自我反思是一种深层次的思考和分析，可以帮助个体审视自己的行为、态度和决策，了解自己的优势和短处，并且找到改进和提升的方法。通过自我反思，个体可以不断调整自己的思维方式和行为模式，实现个人的成长和完善。

2. 建立多元的自我概念

大学生在自我认知与自我评价中易走极端，要么觉得自己一无是处，要么觉得自己一切皆好。于是，一旦在某方面稍有成绩，便沾沾自喜；一旦在某方面受挫，又会全盘否定自己。因此，要对单一的自我概念进行纠正，建立多元的自我概念，对自己有一个全方位的认识。

3. 建立合理的比较体系

比较是大学生认识自我、了解自我和发展自我的重要方法。

（1）通过与他人进行客观比较来正确认识自己

他人可以作为反映自我的镜子，帮助我们更好地了解自己和发展自己。在大学生活中，与教师和同学的交往是非常密切的，因此，寻找与自己类似的人并进行客观的比较，可以帮助大学生纠正自我意识的偏差。通过与自己类似的人进行比较，大学生可以发现他们的优点和不足之处。观察和学习他人的优点可以激发自己的上进心，同时也可以提供新的思考和行为方式。从他人身上发现自己的不足之处，可以激发自我改进和提升的动力，帮助大学生更好地发展自己。

（2）通过别人的评价来正确认识自己

有人将对自我的认识比喻为看画。从一定的距离和角度看，齐白石的《虾趣》图栩栩如生。但是，若过于贴近去看，只盯住一处，满眼不过几个墨团。看画如此，看人亦然。大学生自我认识上的偏差，就是因为缺乏"距离感"，从而造成了"当局者迷"的局面。因此，大学生要注重父母、长辈、教师和同学的评价，不要因为忠言逆耳便充耳不闻、我行我素，要接受别人评价中的合理部分，避免自我评价的偏差。但是，大学生在比较时，也要多角度进行比较。如果总是拿自己的不足和别人的优势相比，那么肯定很难树立信心。如果我们想要找到自己的位置，既可进行纵向比较，将现实自我与过去自我、理想自我进行比较；也可进行横向比较，将自己与各种人做比较，既包括比自己优秀的，也包括比自己稍差的。

4. 经常性地反省自我

古人说"吾日三省吾身",没有自我反省,就无法实现自我完善。反省是一种自我监督,是自我调整的出发点。在反省过程中,分析自己失败的原因,严于解剖自我,敢于批评自己,提高自我认识,调整自我评价,从而正确定位自己。

内省调适法是指运用自我观察、自我分析、自我报告的方法进行自我评价,它是纠正自我评价偏差的根本。自我观察就是大学生在人际交往和活动中对自己的言行举止等过程的心理体验进行耐心观察。在自我观察中加强信心,在合理的自我分析中形成自我报告。自我报告就是向自己报告活动的过程和结果、个人的言行和希望及表现出来的个性品质。这个报告不但要求报告行动前的内心体验及过程,而且更重要的是对结果的分析及评价。对报告的内省,使自我变得更为自由和客观,更加独立和稳定,避免自我评价得过低或过高。大学生可以通过参加各种活动时的动机、态度、表现、取得的成果来分析、认识自己。活动成果的价值有时直接标志着自身的价值,社会主要通过活动成果认定来衡量一个人的价值。因此,理想的活动成果、良好的活动效果能够使个体进一步增强对自我认识的能力,并能发现自我的价值,从而激发自信,开发潜能。例如,一个原本有些害羞的大学生在同学的鼓励下参加了一次歌唱比赛,并获了奖,他在活动分析中就会发现自己具有这方面的能力。只要有积极的态度,努力去做,就可能取得成功,得到别人的肯定,这对他克服害羞情绪、增强自信、发现自我潜能起到了积极的作用。

(二)积极地悦纳自我

1. 合理运用社会比较策略

首先,不将自己的劣势与他人的优势进行比较。任何一个人都有自己的优势,用自己最不擅长的方面与他人最擅长的方面进行比较,只能使自己体验到强烈的自卑感和失败感。其次,在与他人进行比较时应持辩证的、发展的观点。大学生在行动中应尽可能多地看到自己的进步、自身的成长及在人生发展中获得的宝贵经历,这样即便没有获得成功,也不会一蹶不振。

(1)创造机会培养自信心

自信心是个体对自己的能力和价值的一种肯定倾向,是大学生顺利完成学业、与他人建立良好的人际关系和积极开发自我潜能的重要前提。大学生在学习、生活和人际交往中如果自信心不足,就会畏缩不前,这不但影响个人才能的发挥,而且会导致行动失败。相反,如果自信心过强,则有可能变得狂妄自大、目中无人,或者莽撞冒险、急功近利,对自己的学习、生活和人际关系产生不良的影响。

(2)调整成功的期望值

期望值是指个体在完成某项工作之前,估计自己所能达到的目标和所能获得的成绩。一个人的期望值直接影响着他的自我体验。大学生风华正茂,对自己的期望值很高,然而人生理想的实现并不是一蹴而就的,大学生可能会遇到许多困难和挫折。如果他们无法面对那些困难和挫折,就可能会陷入抑郁、消沉的情绪中,有些人甚至会选择放弃。因此,大学生只有把自我期望与现实情况紧密地结合起来,调整自己的期望值,建立适中的理想目标,才能更好地发展自我和适应社会。

大学生一般成就动机强,渴望实现自己的人生价值,追求生命的卓越,但过强的成就动机会导致心态失衡,不利于其自我意识的健康成长。因此,大学生在学习和生活中应该保持和谐的心态,以积极的态度对待自己和他人。

2. 了解自我接纳的主要内容

过度的自我审判是很常见的现象,特别是在对自己的外貌、家庭背景和成就等方面进行比较时。这种自我审判往往是对自己的期望过高和对他人的评价过度关注引起的。然而,正确地面对自我、接纳自我,是大学生获得成功的重要心理条件。

(1)接纳自我就是相信自我

每个人都是独一无二的,拥有自己独特的特点、才能和优势。世界上没有两个完全相同的人,每个人都值得被尊重和珍视。面对贬低和否定的评价,大学生确实需要学会从积极的角度看待并利用它们。有时候,人们的评价并不总是准确和公正的,他人对我们的评价并不能决定我们的真正价值和潜力。许多成功人士都曾经遭受过负面评价或挫折,但他们坚信自己的能力,并将这些评价转化为自己向上发展的动力。对于大学生来说,遇到贬低性评价时,可以选择将其看作对自己的鞭策和督促,用以激励自己达到更高的目标。同时,还要记住人的价值并不仅仅取决于外界的评价,而是来自自己的努力、成就和内在的品质。大学生需要相信自己的能力和潜力,并坚持自己的价值观和目标,跳出他人的评价框架,展现自己的独特之处,并在自我认同和自我接纳的基础上不断成长和进步。接受自己的不完美之处,并将其视为成长和改善的机会,是培养自尊和自爱的重要步骤。

（2）接纳自己就要原谅自己

人生的道路并不总是平坦的，经常会面临各种挫折和失败。重要的是，我们应该学会处理这些失利和不如意的情况，并从中学习和成长。如果我们沉溺于自我指责和自我惩罚中，我们将进入一种消极的循环，逐渐陷入自卑和自暴自弃的状态之中。相反，我们应该学会原谅自己，接受失败是一种正常的现象。失败并不代表我们的价值和能力，它只是一次经验，可以帮助我们了解我们的弱点并提高自己。取而代之，我们可以用时间和精力来分析失败的原因，并寻找重新取得成功的方法。我们应该专注于解决问题和改进自己，而不是将失败视为沉重的负担。每次失败都是一个机会，它让我们更加了解自己、提高自己，并最终实现自己的目标。

（3）接纳自我就要正视自己

每个人都有自己的短处和缺点，这是不可避免的。重要的是，我们应该接受并正视这些缺点，而不是为此感到羞愧或尝试掩饰它们。例如，一个人的美并不仅仅体现在外貌上。内在的美，如善良、智慧、自信、积极向上的态度及对他人的关心和善意，才是真正重要的。相貌只是一个人的外在特征，它并不决定一个人的价值和能力。如果我们过分关注自身的不足，很容易产生自卑心理。例如，学生认为自己长得丑而封闭自己，这种做法并不能改善其外在相貌，反而增加了他的孤独和苦闷。相反，如果我们能够接受自己的不足，并关注自身其他方面的优点和潜力，我们就能更好地发挥自己的独特之处，展现自己的内在美。

3. 全面看待自己的优缺点

要悦纳自己的优点，也要接受自己的缺点。"尺有所短，寸有所长"，每个人既有长处又有短处。人既不会事事行，也不会事事不行；一事行不能说明事事行，一事不行也不能说明事事不行。要肯定自己的价值，善于吸取别人的长处，克服自己的缺点，扬长避短，充分地发挥自身潜力。

4. 保持乐观开朗

在大学生活中，我们可能会面临各种生活、学习和人际交往的压力，会遇到各种挫折和冲突。有一位同学的钱包丢了，一个月的生活费没有了，却不见他特别沮丧，问他为什么，他说："钱包丢了本来就是一种损失，如果再因此让自己很不开心，不是损失更大吗？为什么要把金钱的损失扩大为时间和心情的损失呢？我不是粗心的人，但是作为教训，下次我会更小心一点儿。"

如果我们能像这位同学一样，遇事保持乐观的心态，不对自己太过苛责，接纳自己偶尔也会犯错，也有短处、缺点，这样反而会给自己更自由的成长空间，会有一个更为理想的心理健康状态。

（三）有效地控制自我

世界上只要同时存在两个人，任何一方都可能考虑到自己的行为对对方的影响，有效地控制自我是健全自我意识的根本途径，有效地进行自我调控是为了保证自己的健康发展。

1. 注重培养顽强的意志力

很多大学生为自己树立了远大的目标和理想，但在努力的过程中，却没有足够的自制能力和意志力，经受不住挫折和打击，无法实现自我理想。因此，大学生要坚持培养自制力，增强挫折耐受力，使自己能自觉主动地认清目标，为实现目标而努力排除干扰、克服困难。

2. 建立合乎自身实际的目标

要使自我控制积极有效，大学生应该建立合乎自身实际的目标。要合理定位理想自我。在确定理想自我的内容时，不仅要考虑社会的需求和对大学生的要求，还要结合自身的实际情况和能力来制定目标。立足社会需要是非常重要的，毕竟大学生毕业后要进入社会，通过自身的努力为社会做出贡献。因此，确定理想自我时应该考虑社会的需求，对社会有所贡献是大学生的责任之一。同时，结合自身实际情况是必要的。我们每个人的能力、条件和兴趣都不同，因此确定理想自我时要考虑自己的实际能力，并将远大的目标分解成小的具体目标。这样可以帮助我们更好地管理和实现目标，逐步靠近我们的理想自我。此外，关键的一点是要避免过分追求完美或受他人要求的左右。我们应该根据自己的兴趣、价值观和能力制定目标，并且要有一定的弹性，不苛求自己。每个人都有自己独特的路径和发展方向，要相信自己的选择，并为自己的目标努力奋斗。只有明确这一点，才可能真正地认清自己，规划自己的发展方向，最终建立独立的自我。

3. 积极参加社会实践

自我评价、自我锻炼和自我教育是一个实践的过程。参加社会实践，用学到的知识和智慧服务于社会，可以认清自己的责任和义务，确立科学的人生观、价值观。在实践中，要学会用乐观的情绪和积极的心态去对待问题，客观公正地看待事物，增加自我意识中的理性成分，消除偏激和肤浅，使自己得到和谐发展。

4. 做好理想与现实之间差距的调控

众所周知，理想与现实之间总是会存在一定的差距。对于大学生而言，他们正处于一个心比天高的年纪，社会、人生经验缺乏，因此难免会产生一些与自己个人能力不相符的大胆想法。由此便要求他们必须拥有良好的调控能力来应对和面对这一差距，既要敢于树立远大的理想和抱负，又要脚踏实地处理好理想与现实的矛盾。理想是自我希望实现的目标，这个目标能否实现，有两种可能，即可能实现或可能不实现，这取决于两个条件：一个条件是客观现实及其变化所提供的可能和机遇，另一个条件是主体本身的素质。

因此，大学生在树立理想目标时，既要考虑到客观现实的可能性，又要考虑到主体本身的条件，这样才能使理想自我建立在比较现实的基础上。具体调控方法包括以下两个方面。

①正确的价值观。理想与抱负是否远大，不在于最终获得收益的大小、地位的高低，而在于实现的社会价值。例如，当科学家是为了科教兴国、造福人民，这是远大的理想和抱负。如果当科学家只是为了出名和获得高薪，便算不上远大的理想和抱负。因此，建构理想自我必须对理想的社会价值进行抉择。

②不追求绝对的完美。世界在运动中发展，任何事物的完善都是在发展中相对存在的，而没有绝对的完美。大学生在实现理想自我时，所规划的内容要有主有次，不能要求面面俱到、都达到完美。实际上，随着时代的发展和个人的成长，昨天被视为理想的追求，今天很可能已不再是理想了。

因此，理想自我要随着时代与个人的发展不断进行调整。理想自我如果目标过高，必然会造成精神上的失意和痛苦；而没有理想和追求，失去精神寄托，更会造成另一种心理障碍和痛苦。因此，科学地建构理想自我，引导自我意识健康发展，对大学生心理健康发展具有重要意义。

（四）积极地完善自我

积极地完善自我，即在个人现有素质、能力的基础上，自觉为超越自己而规划、设计的一种目标。对自我的完善，主要在于主动调节自身的行为、思想，从而使之更为适合自己当下所处的环境和状况，能够更为有效地帮助自己全面、多元发展，从而更好地适应社会的要求。当前，完善自我的途径主要有以下几种。

1. 确立正确的理想自我

确立理想自我的过程需要建立在自我认识和自我悦纳的基础上，同时要考虑社会的需要和个人的特点。确立正确的理想自我，熟悉和了解社会是非常重要的，它可以帮助我们找到合适的社会坐标，更好地融入社会并为其做出贡献。社会的发展规律是一种指引，我们可以通过学习社会科学知识来了解这些规律，从而更好地确定理想自我的目标和发展方向。积极探索人生、理解人生和树立正确的人生观也是非常重要的。每个人都有不同的人生轨迹和经历，通过积极地开展社会实践和人生实践，能够更好地认识自己，了解人生的真谛，从而为理想自我的确立找到合适的人生坐标。

为了实现这一任务，我们需要努力学习理论知识，不断充实自己的知识储备。理论知识可以帮助我们更好地理解社会、人生和自我的关系，从而有更清晰的认识和决策。社会实践和人生实践则能够帮助我们将理论知识与实际情况相结合，帮助我们更深入地认识社会和自我。

2. 培养良好的意志品格

拥有良好意志品格的人在行动的自觉性、果断性、自制力和顽强性方面表现出较高的水平。意志力是支撑和推动个体实现自我控制和自我监督的力量，它在实现理想自我的过程中起着重要的作用。总之，确立理想自我和完善自我意识需要付出艰辛的努力，是每个追求卓越的人的终身课题。认识自我、悦纳自我、激励自我、控制自我、完善自我、超越自我，这些都是走向成功和卓越自我的正确途径。意志的力量可以帮助我们克服困难和挑战，坚持追求理想自我的目标。通过培养良好的意志品格，我们能够更好地保持行动的自觉性，做出果断的决策，拥有自我控制和自我监督的能力，以及对自我的顽强性。这将有助于我们在实现理想自我的道路上取得成功。

第四节　大学生自我意识心理素质拓展训练

一、心理影片赏析：《完美的世界》

《完美的世界》由美国导演克林特·伊斯特伍德（Clint Eastwood）执导，由凯文·科斯特纳（Kevin Costner）、克林特·伊斯特伍德、T. J. 劳瑟（T. J. Lowther）等主演，1993年于美国上映。该片主要讲述了从小失去父爱的男孩菲利普在被绑架途中与罪犯逐渐产生一种父子般的感情，但最终心灵净化的罪犯仍被击毙的故事。该片把公路片、强盗片和西部片杂糅交织在一起，并因其发人深省的社会、道德、教育意义的思想内涵而更具艺术张力。

二、心理游戏："多元排队"

（一）活动目的

①通过心理游戏"多元排队"，让学生寻找一个客观、真实的自我。

②按照自己在"多元排队"中所处的不同位置，让学生明确自己的客观地位，避免对自己的评价过高或过低。

活动时间：大约需要20分钟。

活动场地：室内、室外均可。

（二）活动程序

①全体学生围成一个圆圈，大家面向圆心站立。

②主持人宣布排队开始，大家按照某一特征要求对自己的位置进行调整。在调整过程中，不允许用语言交流。

③排序方式一：请大家按个子高矮排队，高个子排在主持人左边，按顺时针方向从高到矮依次排列。

④排序方式二：请大家按出生月日的顺序排队，1月1日出生的排在主持人左边，按顺时针方向从月日的小至大依次排列。

⑤排序方式三：请大家按体重排队，体重大的排在主持人的左边，按顺时针方向由重至轻依次排列。

每次排完后，都通过说出个人的身高、出生月日或体重数字来检查是否有人排错了队。这样的做法可以让大家共同参与到澄清排错队的过程中，也能够帮助排错者找出他们排错队的具体原因。

（三）注意事项

主持人在游戏中必须强调不允许用语言交流，这样可以确保游戏的公平性和挑战性，让参与者更加专注于分析和解决问题，提高他们的思维能力和团队合作能力。对排错队的学生，需要用耐心和启发性的方式引导他们分析主观原因。只简单指出客观原因是不够的，因为只有了解自己犯错的主观原因，才能避免再次犯错。在启发性的引导中，主持人可以借助引导问题，让学生思考他们的行为和思维过程，激发他们主动反思与改正的意愿和动力。

同时，主持人也可以通过分析一些典型的"多元排队"案例，如过矮、过胖、过大、过瘦、过高及错位严重等情况，引发学生的思考和讨论。这种剖析有助于学生认识到多元性和个体差异的存在,增强他们对于合作和协调的重要性的认识。

通过这样的引导和剖析,主持人可以让游戏不仅仅是一种娱乐,还能成为一种学习和成长的机会。学生可以在游戏中培养分析和解决问题的能力,同时也可以提高他们的团队合作和沟通能力。这样的体验可以拓宽学生的眼界,促进他们的全面发展。

三、心理训练:接受现实自我

活动项目:谁塑造了我。

活动目的:协助个人探索自己的成长历程,促进个体全面认识自我。

活动方法:请在各方格中简单描述不同人物对你的看法、评语及任何难忘的正面和负面经历,如图2-1所示。

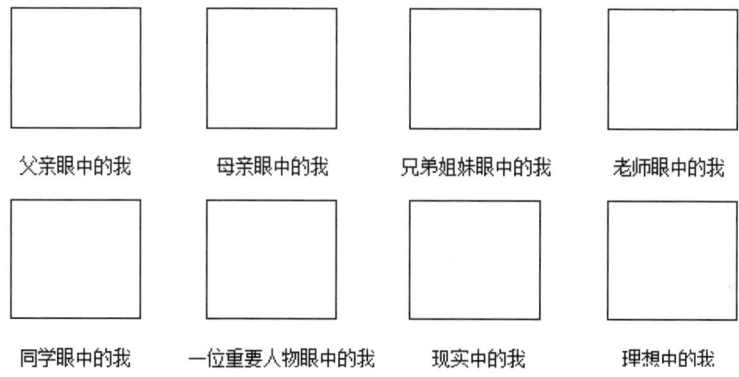

图2-1 方格评价

第三章 大学生积极人格与心理素质训练

大学生积极人格的培育是高校教育的重要目标之一,乐观、主观幸福感和自我决定性是积极人格的核心特质。积极人格特质的培养有利于大学生改善人际关系,缓解学业压力,提升心理健康水平。本章围绕人格概述、大学生群体中常见的人格问题、大学生积极人格的培养、大学生积极人格心理素质拓展训练等内容展开研究。

第一节 人格概述

一、人格的含义

什么是人格?对于这个基本的问题,心理学家并未给出一个简单的答案,在如何描述一个人的人格,以及人格心理学包括哪些问题方面,现在还没有定论。这可能正反映了人的复杂性,探索人格的框架非常复杂和丰富。另外,日常生活中我们提到的"人格"或"性格"的说法可能并不等同于心理学上的概念。为了更好地说明问题,我们先就常见的概念混淆做出一些澄清。

"你这样是侮辱我的人格",这里的人格通常等同于品格或尊严,是从道德和伦理的角度来使用"人格",对人做道德评价,如评价某人人格高尚、某人人格卑劣等。

"别看他在外面像模像样的,其实在家里真实的性格才会展示出来",这里的性格是指人格特质,心理学家把特殊的、稳定的个性品质称为人格特质。人格特质是从行为观察中推论出来的,具有稳定性,同时一个人可以拥有多个个性特质,彼此之间可能并不一致。

"这人天生就这样的个性",这里的个性通常是指气质类型。气质在心理学中与日常生活中所说的"气质"(特指行为举止、谈吐修养)不同,是指一个人生来具有的典型而稳定的心理活动的动力特点。气质较多受生物因素制约,是形成个性或人格的原料之一，是人格的先天遗传成分。即使在新生儿身上，也能发现他们气质的差别，如有的新生儿只要一醒就爱哭闹，有的则比较安静。

"他是个什么样的人？"通常这个问题是在问这个人的人格类型，如实干型的人都重实际，研究型的人爱探究，艺术型的人喜自由等。属于同一人格类型的人具有若干共同的个人特质。

从上面的描述不难发现，人格的研究范围非常广泛。心理学家普遍认为，广义的人格等同于个性，是指稳定的行为方式和发生在个体身上的人际过程。因此，人格是稳定的，我们可以预测今天活泼的人，明天也是活泼的。但是，这并不意味着人格是一成不变的。另外，人际过程强调的是我们在与人沟通互动的过程中所思、所想、所感与人格差异之间的相互作用，同时也意味着外部环境对人格有着重要的作用。父母的教育方式、社会文化等因素都影响着我们个性的形成。从这个角度来说，人格是相对稳定和独特的认知、情感与行为模式，它体现了一个人独特的精神风貌，并没有直接的道德评价，更多地体现了一种倾向性。总之，人格是一个大家庭，它具有多种成分和特质，如能力、气质、性格、兴趣、价值观及行为习惯等都会表现出人格的差异。

二、人格的构成

关于人格究竟是什么，心理学家曾经做过大量的探究，提出过众多的定义。可以说，人格就是一个人的心理与行为的完整体现，即一个活生生的人。由此可知，人格包含了心理与行为的各种因素，主要表现为气质和性格两方面。

（一）气质

1. 气质的内涵

气质是人格的基础之一，是人格结构中比较稳定的并与遗传素质密切相关的成分。在日常生活中，我们常说某人稳重、文静、慢条斯理、爽快、泼辣，就是指人的气质表现。气质这种心理活动的特征主要表现在心理活动的强度、速度、稳定性、灵活性及心理倾向性和指向性上，如感知的敏锐度、思维的灵活性、情绪的反应性等，使得个体的心理活动染上了一种独特的色彩。

2. 气质的类型

现代心理学沿用了古希腊医生希波克拉底（Hippocrates）和古罗马医生克劳迪亚斯·盖伦（Claudius Galenus）的说法，将气质分为四种类型，即胆汁质、多血质、黏液质和抑郁质，各自的特点如下。

①胆汁质。胆汁质的人最突出的特点是兴奋性很高,所以在行为上会表现出不平衡性。这类人会表现出暴躁、易发怒、态度直接、精力旺盛的特点。他们通常会给予事业和工作很高的热情和投入,可以逐渐克服困难并不断追求目标。然而,这类人一旦精疲力竭,可能会失去对自己能力的信心,导致情绪变得低落。

②多血质。这类人具有强烈的工作动力和高度的工作效能。他们对事业充满热情,并且能够长时间地保持这种状态。这类人还具有适应能力强、善于交际的特点,能够轻松适应生活条件的变化,并在新环境中感到自在。他们通常精神愉快,充满朝气。然而,当事业不顺利或需要付出艰苦努力时,他们的热情可能会迅速减退,情绪也很容易波动。这类人大都机智敏锐,能较快地把握新事物,在从事多变和多样化的工作上成绩显著。

③黏液质。这类人安静、平衡,始终是平稳的、坚定的和顽强的。这类人能够较好地克制自己的冲动,能严格地遵守既定的生活规律和工作制度。他们态度持重,交际适度。他们的不足之处是稳重有余而灵活不足。但这种性情也有积极的一面,它可以使人保持从容不迫和严肃认真的品格。对这类人,安排其从事有条理、冷静和持久性的工作为好。

④抑郁质。这类人突出的特点是具有高度的敏感性,因而最容易受到挫折的打击。他们比较孤僻,在困难面前容易表现出优柔寡断的特点,在面临危险情势时会感到极度的恐惧。这类人往往会为那些微不足道的缘由而动感情。他们能胜任别人的委托,能克服困难,具有坚定性。

一般来说,多数人是两种或多种气质类型的混合体。气质与人格之间还存在着某种对应关系。英国心理学家艾森克(Eysenck)在分析人格结构时,做了十分细致的研究。他认为可以从情绪的稳定与否及内倾还是外倾两方面来划分人格特质,而不同的人格特质都与气质有关系。例如,一个人具有健谈的气质,这就与他的情绪稳定和人格外倾有关,其根源在于他是多血质的人;如果一个人是冲动的,这就与他的情绪不良有关,其根源在于他属于胆汁质。

(二)性格

1. 性格的内涵

在对某个人的特点进行描述时,人们通常会从其性格特征入手,性格可以看作一个人在思维、情感和行为方面的稳定模式和特征,它是一个人与众不同的方面。在文学创作中,塑造人物的性格特征可以使他们更具生动性和立体感,并让读者能够更好地理解和共情。例如，哈姆雷特的优柔寡断表现出他内心的矛盾和犹豫不决，而葛朗台的吝啬贪婪使他成为一个贪婪而冷漠的人物。这些性格特征赋予了人物深刻的个性和行为动机，使得他们在故事中更具复杂性和吸引力。

总之，性格是一个人个性的最鲜明表现，它帮助我们区分每个人的差异，同时也影响他们的态度、行为和与他人的互动。在描述人物或刻画人物形象时，性格特征是一个重要的方面，能够增强人物的可信度和生动性。

心理学对性格的界定是，个人对客观现实所持的稳定态度和习惯化的行为方式。在日常生活中，人们会根据自身的认知和评价形成一种稳定的心理倾向，即态度。态度会影响个人的行为方式，决定个人是追求还是放弃、接纳还是拒绝、保持还是改变等。随着时间的推移，这种态度和行为方式逐渐稳定下来，形成了独具特色的性格特征。性格是人的稳定的个性心理特征，因为它在不断发展的社会生活、教育和个人实践锻炼等因素的影响下逐渐形成。而且，个人的性格特征贯穿于其全部行为活动中，在不同的情境中都会表现出来。要注意的是，性格不是固定不变的，它也可以受到外界条件的影响和个人的努力而改变。人们可以通过自我反省、教育培养和经验积累等方式来塑造和发展自己的性格特征。

但是，性格的特征并不是一成不变的，在不同场合下会显露出一个人性格的不同侧面。例如，鲁迅先生既"横眉冷对千夫指"，又"俯首甘为孺子牛"。大部分大学生都能"动若脱兔"，又能"静若处子"。如果一个人只是偶然地表现出某些特点，不能简单地说其具有该性格特征。只有那些能从本质方面表现一个人个性的性格特征，才具有性格的意义；只有了解一个人在多种场合的表现，才能充分全面地了解到性格的各个方面。

2. 性格的类型

性格的分类方法很多，而且可以从不同角度来反映一个人性格的某一侧面。以下是常见的三种划分类型。

（1）内向—外向型

按人格倾向性分类可把性格分为内向型与外向型：①内向型的人心理活动倾向内部，感情较内蕴、含蓄，处事谨慎，自制力较强，善于忍耐，富有想象力，情绪体验深刻，但不善社交，应变能力较弱，反应缓慢，优柔寡断，显得有些沉郁、孤僻、拘谨、胆怯等；②外向型的人心理活动倾向外部，活泼开朗，善交际，感情易外露，关心外部事物，处世不拘小节，独立性强，能适应环境，但易轻信，自制力和坚持性不足，有时表现出粗心、不谨慎、情感动荡多变等。

（2）理智—情绪型

按情绪的控制程度可把性格分为理智型与情绪型：①理智型的人常以理智的尺度衡量一切。这种人善于控制自己的情绪，使自己的行为具有明显的理智导向，自制力强、处世谨慎，但容易畏首畏尾，缺少应有的冲劲。如果理智型不被健康的意识控制时，就可能表现出虚伪、自私、见风使舵、冷漠等。②情绪型性格指情绪体验深刻，举止言行易受情绪左右。情绪型的人待人热情，做事大胆，情绪反应敏感，但情绪易起伏，有时冲动，注意力不够稳定，兴趣易转移。

（3）独立—顺从型

按个体独立程度可把性格分为独立型与顺从型：①独立型的人倾向利用自身内在的参照标志，独立性强，受暗示性较弱，对他人不感兴趣，社会敏感性弱，不善交际，对抽象的内容特别关注，解决问题不易受定势影响，比较有创造性；②顺从型的人倾向利用外在的参照标志，独立性较弱，受暗示性较强，对他人感兴趣，社会敏感性强，善于交际，抗应激能力差。

3. 大学生喜欢的性格

根据多数学者的研究结果和笔者多年的心理工作经验，比较受大学生喜欢的性格特点如下：①聪明乖巧，能理解人；②亲切；③温和；④诚实；⑤富有幽默感，脸上经常带着笑容；⑥能接受别人的意见；⑦容貌漂亮且心地善良；⑧经常照顾别人；⑨头脑灵活；⑩知识面广，说话富有感染力。

（三）能力

能力也是人格的一个重要组成部分，它是指人顺利地完成某种活动所必须具备的心理特征。例如，一位画家所具有的色彩鉴别力、形象记忆力等都叫能力。能力通常包含两方面的含义：一是个人现在实际所能做的，即实际能力；二是个人将来可能在行为上表现出来的能力，即潜能。人的能力总是和活动相联系并表现在活动中。只有从一个人所从事的某种活动中，才能看出他具有某种能力。一个有主持能力的人，只有在主持节目的活动中才能施展自己的能力；一个有体育才能的人，只有在运动中才能显示出自己的能力。当一个人能顺利完成某种活动时，也就在一定程度上表现了他的某些能力。人的能力是各种各样的，可以从不同的角度对能力进行分类。

1. 一般能力和特殊能力

一般能力是一种普遍适用于各种活动的能力，它包括观察力、记忆力、想象力、创造力等。这些能力是人们进行学习、工作和创造等活动所必需的。特殊能力是指在某些专业活动中表现出来的能力。例如，画家的绘画技术和音乐家的演奏技术；主持人的口头表达能力、亲和力和应变能力，均属于特殊能力；每一种特殊能力都是完成相应的活动所必须具备的。就上述两种能力的关系来说，一般能力越发展，就越能为特殊能力的发展创造有利条件，而特殊能力的发展也会对一般能力的发展起到一定的促进作用。

2. 流体能力和晶体能力

流体能力是在信息加工和问题解决中表现出来的能力。例如，作为一个经济学家所必须具备的逻辑能力、推理能力和运算能力。它较少地依赖于文化和知识的内容，而决定于个人的禀赋。因此，为了文化公平，许多能力测验测的就是流体能力，如瑞文推理测验。流体能力的发展一般在 20 岁后达到顶峰，30 岁后将随着年龄的增长而降低。

晶体能力是指获得语言、数学知识的能力。例如，教师深厚的知识底蕴、课堂掌控能力和沟通能力。它决定于后天的学习，与社会文化有密切的关系。晶体能力在人的一生中一直在发展，只是到了 25 岁以后，发展的速度渐趋平缓。

上述两种能力主要是按照能力在人的一生中的不同发展趋势，以及能力与先天禀赋、社会文化因素的关系而划分的。它们之间有着密切的联系。晶体能力的发展在一定程度上依赖于流体能力。流体能力高的人在面对新的学习和挑战时，更具有分析和应用抽象概念的能力，有助于更好地理解和吸收新知识。在共享了相同的教育和学习经历的情况下，流体能力高的人往往更容易发展出较好的晶体能力。然而，仅仅依靠流体能力是不能充分发展晶体能力的，环境也起着重要作用。适宜的教育环境、学习资源和机会，以及良好的家庭和社会支持，可以提供更多的学习机会和培养晶体能力所需的环境条件。例如，接触到丰富的书籍和文化，参与有挑战性和有意义的学习活动，都能促进晶体能力的发展。

三、人格的特征

（一）独特性

每个人的人格特点没有完全一样的。例如，"固执"在不同的环境下有其特定的含义，在不同人身上的含义也有所不同，在娇生惯养、过度溺爱的环境中，

"固执"带有"撒娇"的意思；而在冷淡疏离、艰难困苦的环境中，"固执"带有"反抗"的意思。"人心不同，各如其面"，正说明了人格是千差万别、千姿百态的，这就是人格的独特性。生活在同一社会群体中的人也有一些相同的人格特征，如中华民族是一个勤劳的民族，这里的"勤劳"品质，就是共同的人格特征。

（二）社会性

人自然的生物特性（遗传、体态、容貌、健康状况等）是人格形成的基础。这些特性会影响人的心理与行为的变化、人格发展的方式和去向，也决定了人的行为倾向形成的难易。因此，我们在研究人格的特征时，不应当忽视生理遗传因素对人格，尤其是对气质和智力的影响作用。但这绝不是说人格是由遗传所决定的先天因素。因为，人一出生就在一定社会条件下生活，人的成长过程也是一个社会化的过程，社会环境、社会制度、文化氛围、社会地位、民族、家庭等一系列的社会问题均对其产生影响。人格倾向性的发展受社会的制约，人格心理特征的形成和发展也是在社会生活的影响下实现的。

因此，人格具有社会性，一个人的人格必然会反映出他所处社会的文化特点及所受到的教育情况。例如，在不同的历史和文化背景下，法国人随意而浪漫，美国人独立、务实和积极，德国人严谨而规范。这就充分说明人格是具有社会性特征的。

（三）稳定性

人格具有稳定性，这主要反映在以下两个方面。

第一，在人格形成方面，一个人的某种人格特征一旦形成后，就相对稳定下来，要想改变它是不太容易的。例如，价值观作为一种人格成分，一旦形成就会对人的认知判断和行为产生重要的影响，形成后的价值观具有较强的稳定性。

第二，在人格表现方面，人格特征在不同时空下会表现出一致性的特点，也就是说在不同时间、不同情境下人格特质基本不变。它有两种表现形式：第一种是平均水平上的稳定性，这是某一群体在平均分上的稳定性，而不考虑个体差异。研究表明，30岁以后，人格平均水平上的改变就很小了。第二种是个体间的人格稳定，这是就某一个体而言。人格的持续性体现了人格的稳定性。一个正常人可以在一天之内发生贫富突变，但很难在一天之内发生人格突变现象。

那些暂时、偶然表现出来的行为特点不属于人格特征。例如，一个人平时性情温和，偶然发了一次脾气。人们在描述其人格时，不会说他脾气暴躁，仍然认为他是温情和蔼的人。艾森克曾指出，早在古罗马，哲学家西塞罗就区分了焦虑特质和焦虑状态。前者是一种易怒特征，是个体的一种稳定的行为方式，可作为一种人格特征；而后者是发怒的状态，是个体在一定情境中的短暂表现，它不是一种人格特征。

人格虽然具有稳定性，但并不排斥可变性，且具有重塑的可能。当然，人格的改变与行为的变化是不同的，行为改变是一种外在、表层的变化，人格的改变是内在、深层的变化，是一件并不容易的事情。例如，特质焦虑在不同时空有不同的表现形式。当一个人是学生时，他表现为考试焦虑，考前心神不定、忧心忡忡，在考场上无法正常发挥；当他工作时，他对竞争与压力环境有焦虑反应，采取逃避的方式来处理焦虑。在不同情境和不同的时期，他的焦虑反应是不同的，但内在易焦虑的特质并未改变。如果经过心理医生的脱敏治疗，他彻底消除了焦虑特质，不管处在什么时候、什么情境，都不再过度焦虑，就实现了人格某种程度上的改变。

（四）整体性

人格在一定程度上体现了一个人的整个精神面貌，它并不是由单个的人格倾向和特征简单地叠加而成的，而是由这些倾向性和特征相互联系、交互作用而形成的。这些成分在人格中相互交织、互相影响，共同组成了一个完整的人格。人格的整体性可以从以下多个方面来表现。

①人格的内在统一性。正常人往往可以对自己有一个正确的认识和评价，可以及时地对内部心理世界中出现的矛盾与冲突进行调整；否则，人的行为就会经常由几种相互抵触的动机所支配，出现人格分裂现象，即俗称的"二重人格"或"多重人格"。

②每个人的人格特征都需要放在整体的背景中来理解，只有这样才能确定其具体的意义。例如，沉默寡言这一特征，在不同的人身上可能呈现出不同的意义和动机。对某个人来说，他选择保持沉默可能是因为内向、害羞或者是自我保护的表现。这种情况下，沉默可以被理解为一种不愿意抛头露面或面对社交场合的表现，可能因为他觉得自己不够自信或者害怕被他人批评或嘲笑。另一个人选择保持沉默可能是出于不想暴露自己真实的面貌或者是避免被他人了解到自己真正的想法或情感。这种情况下，沉默可以被理解为一种虚伪的表现，代表着个体在与他人交往时用一种保护性的方式保护自己的隐私或秘密。还有一种情况，某个人保持沉默可能是因为他想通过让别人去努力来满足自己的需求。这可以被理解

为一种依赖性的表现,代表着个体对其他人的依赖及对自己能力或责任的逃避。这种情况下,沉默可以被理解为一种懒惰的表现。

③人格是一个由多个紧密联系的成分构成的复杂系统。首先,人格是多层次的,包含了不同层次的成分。这些层次可以理解为从低级到高级的维度,涵盖了个体的基础特质、心理机制、态度和价值观等不同层面的个人特征。其次,人格是多侧面的,涵盖了个体在不同情境下展现出的各种行为和特征。人格可以表现出不同的侧面,如外向或内向、善良或暴戾等,这些侧面共同构成个人的多样性和丰富性。最后,人格也是多水平的,即包含了不同水平的成分。这些水平可以是主要与次要的区分,或者是主导与从属的区别。有些成分可能更加显著地影响着个体的行为和思维,被认为是人格的主要成分,而其他成分则可能在某些情境或特定条件下发挥更为明显的作用。

(五)功能性

人格不仅会对一个人的生活方式起决定作用,甚至还会对一个人的命运起决定作用。人们经常会使用人格特征来对某人的言行及事件的原因进行解释。面对挫折与失败,坚强者发奋拼搏,懦弱者一蹶不振。悲痛可以化为力量,也可以使人消沉。因此,当人格具有功能性时,表现为健康而有力,支配着一个人的生活与决定着一个人的成败;而当人格功能失调时,就会表现出软弱、无力、失控,甚至变态。从这一角度来讲,人格会起到决定一个人命运的作用。需要强调的是,人格功能性强的人会把命运掌握在自己的手中。人格心理学家十分重视人格对认知与智力的影响,因为人的认知与智力往往体现了人格的功能性。

(六)可塑性

虽然人格是稳定的,但不是不可以改变的。每个人的人格都可能随着现实环境的多样性和多变性而或多或少地发生变化。青年期和成年期的人格正在形成和定型中,还不稳定,容易受外界因素影响而发生变化,因而可塑性较强;而成年人的人格比较稳定,可塑性较弱,但也并非不能改变。大学时期是人格形成的最后阶段,因此,大学生在大学期间要有意识地培养自己健全的人格。

(七)统合性

人是非常复杂的,人的行为表现具有多元性和多层次的特点。每个人的人格世界都是独特的,各种人格特征的组合方式千变万化,形成了不同个体丰富多样的人格表现。人格的组合不是简单地堆积各种特征,而是像宇宙世界一样,遵循一定的内容、秩序和规则有机地组合起来。人格的形成是一个动态的过程，各种特征相互作用、相互影响，形成一个有机的整体。人格的有机结构具有内在一致性，并受自我意识的调控。当一个人的人格结构各方面彼此和谐一致时，呈现出的人格特征就会是健康的。这意味着个体的认知、情感和意志等方面相互适应并相互支持，人格特征之间存在着一种协调和统一。然而，当人格结构中的各方面发生冲突时，就会出现心理冲突，导致"人格分裂"。这可能表现为自我感觉不一致、行为不连贯，甚至可能出现内心的矛盾和混乱。在这种情况下，个体可能会面临困扰和不适，并可能需要寻求心理帮助来解决这些冲突。

四、人格的理论

心理学家为了详细说明人与人之间的差异，以对人们的人生经历做出预测，不断地寻求简单有力的人格分类方法，主要有类型论、特质论、心理动力学理论和人本主义理论。

（一）类型论

类型论采用的是全和无的模式，而不是程度的多少。许多人喜欢在日常生活中使用类型分类，因为这能帮助他们将理解他人的复杂过程简单化。类型分类中比较有趣的理论有血型说、出生顺序说等。

1. 血型说

日本研究人员把幼儿园的孩子按不同血型分成小组，来考察他们在面对同一个突发状况时的反应。虽然目前还没有确切的科学依据证明性格与血型有关，但通过实验得出了以下几种比较一致的结论。

① A 型血的小朋友忠实，比较单纯。
② B 型血的小朋友比较感性，受环境影响较大。
③ C 型血的小朋友公私分明，稳重且有正义感。
④ AB 型血的小朋友性格差异较大，各有主见。

人的性格受到先天因素及后天环境的共同影响，血型基因只是人类数万个基因中的一个而已，血型与性格在一定程度上存在关联，但关联的程度应该不会太大。实验中不同血型的小朋友所表现的差异性，可能是由于具有某种相同特质的人聚在一起，其行为倾向会表现得更加明显，但推测有待进一步的研究来证明。

2. 出生顺序说

1996年，美国麻省理工学院的弗兰克·沙洛威（Frank Sulloway）提出了基于出生顺序的现代类型理论。根据沙洛威的观点，得出以下结论。

①头生儿或独生子女的位置是现成的，头生儿或者独生子女在幼年时期不需要任何努力，便可独享父母的爱和关注。随着成长，他们需要通过认同和遵从父母来寻求和保持最初的依恋。

②后生儿的位置不同，为了争夺父母的爱和关注，他们要在先前出生的孩子还没占到主导地位的领域里占有优势。后出生的孩子通常被培养得对经验持有开放性态度，以在生活中获得更新颖、更成功的位置。

（二）特质论

与类型论相比，特质论在区分人的特质方面更灵活、更有弹性。特质是持久的品质或特征，这些品质或特征使个体在各种情况下的行为具有一致性。例如，生活中某个人可能通过拾金不昧来证明他的诚实，也可以通过考试不作弊证明这一点。特质论推崇连续的维度，如智力和友情等，它不是非此即彼，而是强调程度的多少。一些特质理论家认为特质是引起行为的先决条件，但更加保守的理论家仅仅将特质作为描述性的维度。

1. 阿尔波特的特质理论

美国人格心理学家阿尔波特（Albert）认为，特质是人格的框架和个性的根源，作为一个中介变量，它使一系列的刺激和反应发生联系。

阿尔波特确定了以下三种特质。

①首要特质：影响一个人如何组织生活。通常指一个人的信念，如共产主义信念。

②核心特质：代表一个人主要特征的特质。通常指一个人的性情，如诚实。

③次要特质：有助于预测个人特定的、专属的特征。通常指一个人的喜好，如衣着和食物。

阿尔波特感兴趣的是探索使一个人成为独立个体的三种特质的独特组合，他的理论提示大家如何去认识一个人，判断一个人可能与你交往的深度。

2. 艾森克人格理论——"大三人格"

英国心理学家艾森克根据人格测验的数据推出三个范围很广的维度，即外向性、神经质、精神质,这三个维度对心理健康有显著的预测作用,情绪的稳定性对心理健康影响最大。

(三)心理动力学理论

奥地利心理学家弗洛伊德是精神分析学派的创始人,他认为人格的结构由三个部分组成,即本我、自我和超我。

本我是人类心理最原始的部分,人一出生就具有本我。它是一切心理的能量之源,包含生存所需的基本欲望、冲动和生命力。本我的目标是求得个体的舒适、生存及繁殖,表现为无意识、非理性和易冲动。本我像一个被宠坏的孩子,自私、冲动,追求享乐,不理会社会道德和外在的行为规范,唯一的要求是获得快乐,避免痛苦。弗洛伊德认为幼儿的精神人格完全属于本我,没有是非观念,其生活受欲望支配。例如,当婴儿看到一个非常吸引人的玩具时,就会伸手去拿,拿不到就会大哭大闹,要求即时满足。有时候婴儿的需要明显不合理,因为本我按快乐原则行事,遵循初级加工思维,这种思维既不遵循意识思想中的逻辑原则,也没有现实基础。梦和想象就是初级加工思维的经典例子。父母的教养方式及后天环境会影响本能驱力形成的结构,进一步影响后期的人格发展。

自我的德文原意即指"自己",指现实的"我"。在出生后的第一个月,新生儿就能清楚地感受到,自己和别的事物或人不一样。这种感觉由对自己身体的局限性和自信的感知所产生。自我是个体为了调和周围世界与内部驱力,追随客观环境的现实原则而发展出来的意识状态。它的机能是寻求本我冲动得以满足,而同时保护整个机体不受伤害。自我知道本我冲动与社会现实和物理现实之间的冲突。例如,无论妹妹把哥哥惹得多么生气,哥哥都不会打妹妹。虽然打妹妹可能减轻哥哥内心的不满,但这与社会和父母既定的规则有可能冲突,自我清楚此类行为会产生问题,因此必须避免、改变和延迟本我冲动的直接释放。自我遵循的是现实原则,采取次级加工思维方式,这是解决问题和获得满足的发展性策略。绝大部分的人,在成年期后凸显的都是自我。

超我指理想的"我",是人格结构中代表理想和良心、体现道德准则的部分。超我在儿童大约5岁时开始发展,通过父母、学校等媒介内化社会价值、道德和观念形成,其机能主要是监督、批判及管束自己的行为。超我主要通过内疚感来判别正义与邪恶。超我的特点是追求理想、尽善尽美,因此,如同本我一样是非现实的。超我大部分是无意识的,超我要求自我按社会可接受的方式去满足本我,它所遵循的是道德原则。如果儿童形成了较低的道德标准，其结果是，他们伤害别人时并不感到内疚。然而，若超我发展出过于强有力的内在标准，儿童就会为几乎不可能达到的超高道德所累，导致接二连三的失败，可能长期经受羞愧和自责的折磨。

本我、自我和超我之间不是静止的，而是始终处于冲突与协调的矛盾运动之中。

一般情况下，强大的自我能协调现实环境、本我和超我的关系，使人心理平衡，远离焦虑。但当自我受到现实环境、本我冲动及超我严格控制的威胁时，个体就会体验到焦虑。焦虑可能以身体症状来表现，如心跳加速、手心出汗、呼吸不规律等。关于这三者的关系，弗洛伊德有这样一个比喻：本我是马，自我是马车夫。马是驱动力，马车夫给马指明方向。马车夫要驾驭马车，但马可能不听话，二者就会僵持不下，直到一方屈服。弗洛伊德认为，只有三个"我"和睦相处，保持平衡，人才会健康发展；而三者吵架的时候，人有时会怀疑"这一个我是不是我"，或者内心有不同的声音在对话："能做？不能做？"或者内心因为欲望和道德的冲突而痛苦不堪，抑或为自己某个突如其来的丑恶念头而惶恐等。这种状况如果持续久了，冲突变得比较严重，就会导致神经症的产生。

（四）人本主义理论

美国社会心理学家马斯洛是人本主义心理学的创始人。他在1943年发表的《人类动机的理论》一书中提出了著名的需求层次理论。他认为，人的一切行为都是由需要引起的。他把人多种多样的需要归纳为五大类，即生理的需要、安全的需要、归属和爱的需要、尊重的需要、自我实现的需要。

1. 生理的需要

饥饿、渴望和其他生理机能的需要是人类最基本的生存需要之一。马斯洛在他的需求层次理论中将这些基本的生理需要放在了最底层，被称为生理的需要。这些基本的生理需要是人类行为最强烈和迫切的动力之一。当这些需要没有得到满足时，人们会感到饥饿、口渴、疲倦等不适，并会被迫采取行动来满足这些需要。这些需要是人类生存和繁衍的基础，人们为了满足这些基本需要会付出各种努力和行动。

2. 安全的需要

当一个人生理的需要得到满足之后，安全的需要就成为他们的关注点。安全的需要包括个人对身体安全、经济安全、居住环境的安全等方面的关注和追求。这些需要来自人们对自身生命和财产的保护和对安全感的渴望。安全的需要涉及个人寻求保护免受威胁、危险和伤害的愿望,包括保护自己免受外部侵犯、避免孤独和受到孤立,以及获得一种稳定和安全的居住和工作环境。当人们感到安全和有保障时,他们会感到更加放松和平静,能够专注于其他更高层次的需要。满足安全的需要是人类发展和实现更高级别需要的关键一步。当人们感到安全和受到保护时,他们才能够更好地投入社交关系、自我实现和个人成长等更高层次的需要中。

3. 归属与爱的需要

归属与爱的需要是一种社会的需要,也叫交往需要,包括社会交际,获得友谊与忠诚,爱与被爱,被团体与社会接纳并成为其中的一员,得到支持与关照等。

4. 尊重的需要

尊重的需要涉及两个方面,即受人尊重和自我尊重。

受人尊重是指一个人希望被他人重视、认可和尊重。这种需要驱使着人们追求名誉、地位、社会地位等。人们希望别人认可他们的能力、成就和贡献,希望在社会中被看重和被重视。这种需要的满足可以增强个人的自尊心和自信心,使人们感到被社会接纳和被关注。

自我尊重是指个人对自身的价值和尊严的感受。这种需要涉及个人对自己能力、成就、品德和价值的认同和肯定。人们希望自己能够被看作有价值和有意义的个体,在自己所做的事情中获得满足感和成就感。当个人感到自己受到尊重和被认可时,他们的自尊心得到满足,会更有自信和积极的心态。

满足尊重的需要对于个人的心理健康和幸福感至关重要。当人们感到自己的能力和价值得到认可时,他们会感到满足和有成就感,更有动力去达到自己的目标和追求自己的梦想。同时,尊重的需要也与人际关系密切相关,人们更愿意与那些尊重和重视他们的人建立良好的互动关系。

5. 自我实现的需要

自我实现的需要指的是个人追求理想和抱负,不断发挥个人能力和潜力的需要。这一需要追求的是在精神层面上实现真、善、美,达到一种至高的人生境界。马斯洛提出的人类需要层次理论中,自我实现的需要被看作最高级别的需要,位于需要层次的最顶端。自我实现的需要与其他更基本的生理、安全、归属与爱、尊重的需要不同,它强调了个人追求自己内在潜能的发挥和个性的完善。每个人对于自我实现的途径和方式可能是不同的。有些人可能通过成为理想的母亲或父亲来实现自我，将自己的精力和能力投入家庭中；有些人可能通过体育运动来表现自我，通过运动的方式展示自己的技能和能力；还有一些人可能通过在艺术创作、绘画、发明创造等领域来追求自我实现。

五、人格发展的影响因素

个体成长与发展的关键在于良好人格的塑造和培养。在个体的人生发展历程中，影响人格发展的因素有以下几种。

（一）遗传因素

人格研究者常常关注遗传因素对人格的影响。通过双生子研究，研究者将同卵双生子和异卵双生子作为研究对象，以便更好地理解遗传和环境因素对人格形成的影响。同卵双生子共享相同的基因，因此人格差异主要可以归因于环境因素。由于同卵双生子在环境方面有较高的一致性，研究者可以通过比较他们的人格特征之间的差异，来了解环境因素对人格的影响。异卵双生子拥有不同的基因，但在环境方面也存在一定的相似性，如成长环境。这使得研究者能够通过比较他们在不同基因背景下的人格特征，来揭示基因对人格的影响及相同环境对不同基因的影响。通过系统研究这两种类型的双生子，研究者可以更好地理解遗传和环境因素对人格形成的相互作用。这种研究设计有助于揭示人格发展中遗传和环境因素的相对重要性，以及它们如何相互作用以产生个体差异。

遗传因素是人格发展中不可忽视的影响因素。不同的人格特征受遗传因素的影响程度也会有所不同。在一些与生物因素关系密切的特征上，如智力和气质，遗传因素通常占较大比重。这是因为这些特征具有较高的遗传稳定性，基因在其中发挥着重要的作用。然而，在与社会因素密切相关的特征方面，如价值观、信念和性格，后天环境因素更重要。这是因为这些特征的发展受到社会和文化环境的影响较大，包括家庭、教育、朋友圈等。

（二）地理因素

生活在不同的人文地理环境中的人，形成的人格也会有一定的差异。心理学家巴理对美国阿拉斯加州的因纽特人和非洲的特姆尼人进行了研究，结果发现以渔猎为生、以肉为主食、依靠帐篷过着流浪生活的因纽特人，培养的孩子有着独立、冒险、坚定的人格特征；而以农业为主、有着固定居所的特姆尼人，培养的孩子有着保守、服从、依赖的人格特征，这表明人格受人文地理环境的影响。

此外，气温与人格特征之间也有一定的关系，最鲜明的表现便是它可以使人的一些人格特征频率明显提高。一般来说，当天气炎热时，人会表现出明显的烦躁不安，进而导致攻击性行为或是反社会行为的增多。

（三）家庭环境因素

家庭是孩子成长过程中最重要的环境之一，对于孩子的人格发展有着深远的影响。家庭不仅通过遗传因素为孩子提供基本的遗传素材，还通过家庭教育和亲子关系的建立对孩子的人格特征进行塑造。父母的教养方式和价值观念都会在孩子心中留下深刻的印记，影响着他们的认知、情感和行为模式的发展。孩子的人格是在与父母长期的相互作用中逐渐形成的。父母的行为、言传身教及对孩子的教育方式都会对孩子的人格发展产生重要影响。一个温暖、支持和理解的家庭环境有助于培养孩子的自尊心、自信心和社交能力，而一个严厉、冷漠或者不稳定的家庭环境可能对孩子的人格发展造成负面影响。

通常来讲，可以将家庭教养方式分为三类。第一类是权威型教养方式，这种教养方式通常被认为对孩子的发展更有益。在这种教养方式中，父母在教育孩子时既有限制和规范，又给予孩子一定的自主权和尊重。这种方法培养孩子的自我管理能力，培养他们的责任感和自信心，有助于他们成为独立、自律和有决策能力的人。第二类是放纵型教养方式，这种教养方式通常会对孩子的发展产生负面影响。孩子在这种家庭环境中可能会得不到适当的规范，缺乏责任感和自控力，容易变得任性、自私和不尊重他人。第三类是民主型教养方式，这种教养方式被认为是一种较为理想的教养方式。在这种教养方式下，父母与孩子之间保持了一个平等、尊重和开放的关系。父母给予孩子适当的自主权，并提供积极、正确的指导。这种教养方式有助于培养孩子的自主性、合作性和社交能力，使他们具备积极的人格特质。

因此，家庭作为孩子成长的主要环境，对其人格的形成和塑造具有重要的影响。父母的行为和教养方式是孩子学习、模仿和内化的源泉。他们不仅通过言传身教的方式传递给孩子价值观、信念和道德观念，还通过恰当的教养方式在孩子的行为、情绪和认知上产生影响。

（四）学校教育因素

学校是一种有目的、有计划地向学生施加影响的教育场所。教师、班级、同学与同伴等都是学校教育的元素，这些元素都在一定程度上影响学生人格的发展。

教师对学生人格的发展具有指导定向作用。第一，教师的人格特征、行为模式与思维方式对学生会产生巨大影响。每个教师都有自己独特的风格，这种风格为学生设定了一个"气氛区"，在教师的不同气氛区中，学生表现出不同的行为。第二，教师的公平公正性对学生人格的发展有着至关重要的影响，教师的不公正表现会导致学生的学业成绩和道德品质降低。每个学生都需要教师的关爱，在教师的关注下，他们会朝着教师期望的方向发展。

（五）学生个人因素

虽然环境因素对人格的形成和发展有着重要影响，但任何环境都不能直接决定人的人格，它们必须通过个体已有的心理发展水平、心理活动和自我意识才能发挥作用。社会各种影响只有被个体理解和接受，才能转化为个体的需要和动机，才能推动个体去行动。个体已有的心理发展水平对人格形成的作用，随着年龄增加而日益增强。自我意识是人对自己的认识和态度，包括自我认识、自我体验与自我控制等心理成分。通过自我意识，个体塑造自己的人格。人是一个不断自我完善的调节系统，一切外来的影响都要通过自我调节而起作用。从这个意义上说，每个人都在塑造自己的人格。因此，个体应该充分了解自己的人格特征，发挥主观能动性，有意识地控制自己人格中的消极方面，发展积极方面，从而使自己拥有良好的人格。

六、积极人格的主要作用

积极的人格特质是身体健康、心理健康的重要前提条件，能促进我们生活、工作、人际关系等各方面的和谐发展，是成功的基本要素。

（一）积极人格与身心健康

近代心身医学研究证明，神经系统、内分泌系统和免疫系统相互作用，心理因素可转变为生理因素。人格通过行为影响个体的健康状况，积极的行为可以使个体远离疾病，消极的行为增加患病的危险。人格变量，如神经质、敌对等又影响人们健康行为的实施。例如，A型人格者所具有的持续的进攻性、紧迫感、急躁、冲动等行为模式被确认为冠心病的一个独立的危险因素。

（二）积极人格与应对策略

具有积极人格的个体多采取有效的应对策略来面对生活中的各种压力，他们更容易调整自己的认知，改变对事情的评价，进而改变对待事情的态度。在面临应激事件时，性格开朗豁达、豪爽不羁的人，不会因过度夸大问题的严重性而采取极端反应。相反，他们会进行审慎的评估，并采取理性的应对措施，以确保问题得到妥善解决。这种稳重和理性的态度，有助于避免过度的情绪反应，从而更加有效地应对挑战。

（三）积极人格与主观幸福感

人格倾向是与主观幸福感密切相关的，具有积极乐观性格的人通常更倾向以积极的方式看待生活，对困难抱有乐观态度，更容易从中寻找快乐和幸福。他们更有可能以积极的心态来应对挑战和逆境，更具有应对压力和解决问题的能力。这种积极的心态使得他们在面对困难时能更加坚强和乐观，从而更容易感到幸福。

（四）积极人格与工作绩效

积极的人格特质会渗透到一个人的工作风格、沟通方式等活动中去，进而影响工作绩效。有研究者对通信行业销售员进行调查，结果发现乐观性、兴奋性、幻想性、自律性四种人格特质与销售业绩呈线性相关关系。

（五）积极人格与职业倦怠

人格特质与职业倦怠呈现显著相关性，具有积极人格特质，如严谨、坚韧、幽默等的人不容易产生职业倦怠；相反，具有过高的竞争性和自我中心等特质的人则往往容易产生较高水平的职业倦怠。

第二节 大学生群体中常见的人格问题

一、大学生的不良人格问题与调适

不良人格是介于正常人格与人格障碍之间的一种状态。大学生中常见的不良人格有拖延、懒散、怯懦、孤僻、冷漠、悲观、依赖、敏感、多疑、敌对、暴躁、冲动、破坏等。不良人格不仅影响活动效率，妨碍正常人际关系，而且会给人生蒙上一层消极的阴影，如不及时矫正或治疗，甚至会发展为各种人格障碍。因此，大学生应了解并掌握一些常见不良人格的特征及调适的方法。

（一）拖延

有研究显示，在美国超过 70% 的大学生都有拖延心理。拖延是当前不少大学生的通病。本来可以完成的事情，今天推到明天，明天推到后天，不到最后一刻不做，做又马马虎虎。正所谓"春天不是读书天，夏日初长正好眠，秋又凉冬又冷，收书又待过新年"。心理学研究表明，拖延与不快乐、生理免疫系统脆弱、压力过大等呈正相关关系。造成拖延的原因有逃避困难、目标不明确、惰性等。拖延不仅会影响学习和工作的进度，降低效率，而且会引发心理压力和焦虑情绪的产生，对身心健康造成不良影响。

关于如何克服拖延，降低生活和学习工作中因拖延而带来的压力，美国积极心理学家泰勒·本-沙哈尔（Tal Ben-Shahar）为我们提供了五种方法。

1. 五分钟起飞法

沙哈尔认为，战胜拖延的最佳法宝就是"五分钟起飞法"，它不需要通过精神力量，只需要行动即可。很多时候，个体不太想开始工作，可以在开始的五分钟内，强迫自己工作。通常五分钟之后，就会步入正轨。很多状态不佳的人会觉得，必须受到鼓舞、激发之后，才能采取行动。事实并非如此，先有行动上的改变，才会影响个体的态度。如果总是等待自己情绪上准备好了再开始行动，就可能总是处于拖延的状态中。

2. 放手去做，并奖励自己

人要懂得奖励自己，包括精神上和物质上的奖励，如周一到周五认真学习了，周末就可以好好休息。通过奖励可以强化个体的行为。

3. 把想法公开，破釜沉舟

一旦把想法公开，在某种意义上，就没有了退路，不得不去做，这样可以有效地克服拖延。

4. 加强团队合作，让别人来督促自己

能与别人一起去做的事情，就尽量同别人进行合作，如结伴学习。因为在进行合作的同时，他人可以对个体进行有效的监督，并且可以分散自身的压力。

5. 允许娱乐消遣，允许自己偶尔偷懒

允许自己在某个时候偷懒，去娱乐消遣一下。人不是机器，不能一直工作和学习，娱乐放松是人类的天性。如果不尊重天性，就会付出代价，如削弱创造力、生产力和幸福感。

（二）懒散

懒散是不少大学生感到苦恼并很难克服的一种不良人格。处于懒散状态的大学生常常感到内疚、自责、后悔，但又无力改变，主要原因是此类大学生想得多、做得少，缺乏毅力。

要克服懒散，就要充分认识到其危害性；真正要做的是认真做好计划，坚定地行动起来。从日常小事做起，自己对自己负责，努力做到不为自己找借口，不原谅自己偷懒，按计划做到今日事今日毕，多参加有益身心的活动。

（三）狭隘

受功利主义的影响，大学生中"狭隘"的现象越来越多。斤斤计较、耿耿于怀、嫉妒、挑剔、容不得人等，都是狭隘的表现。狭隘影响人际关系，伤害他人感情，也给自己带来烦闷、苦恼，影响自己的情绪和形象。狭隘人格多见于内向性格的人。

克服狭隘，一要胸怀坦荡，一切向前看，有"比天空更广阔的心灵"；二要开阔视野，丰富自己，"站得高，看得远"；三要学会宽容，"宰相肚里能撑船"。

二、大学生常见的人格障碍与调适

如果一个人人格方面有异常，不仅自己因此遭受痛苦，还可能使他人遭受痛苦，会给个人甚至社会带来不良影响。人格障碍并非精神病，也非神经病，但会妨碍正常的情感和意志活动，破坏行为的目的性和统一性，给人与众不同的特异感觉，在待人接物方面的表现尤为突出。

人格障碍的类型很多，根据《中国精神障碍分类和诊断标准》（第三版）及美国《心理障碍的诊断与统计手册》，可以将人格障碍分为三大类：第一类以行为怪癖、奇异为特点，包括偏执型、分裂型人格障碍；第二类以情感强烈、不稳定为特点，包括冲动型（攻击型）、表演型、自恋型、边缘型、反社会型人格障碍；第三类以紧张、退缩为特点，包括依赖型、回避型（焦虑型）和强迫型人格障碍。

人格障碍患者很少有主动求医的动机，即使有药物治疗和心理辅导，效果也十分有限。因此，人格障碍一旦形成不易矫正，故应贯彻预防原则。当代大学生常见的人格障碍主要有偏执型人格障碍、强迫型人格障碍、依赖型人格障碍、自恋型人格障碍等。

（一）偏执型人格障碍

偏执是指根据错误或不全面的信息，产生不恰当的观念，秉持错误的思维方式，并且固执己见，不讲道理，认为只有自己是对的。如果经常出现偏执的状态，有可能存在偏执型人格障碍。

这种性格的人很难与他人和睦相处，别人只能对他敬而远之。调查资料表明，偏执型人格障碍患病率为 0.4%～1.6%，多见于男性。

对偏执型人格的调适，一是要进行交友训练，积极主动地与他人交往，在交往中学会相信他人，没有证据不要轻易认为他人是有意伤害自己；要学会原谅他人，也不要轻易肯定别人要攻击自己，逐渐消除多疑和不安。二是辅之以敌意纠正训练法：①经常提醒自己不要陷于"敌对心理"的旋涡中；②记住只有尊重别人，才能得到别人的尊重，学会诚实待人；③学会欣赏他人，经常对他人微笑；④要有耐心，学会忍让。

（二）强迫型人格障碍

强迫是指经常不由自主地产生某种想法或行为，即使知道这样做没有必要，也无法控制自己去想去做。强迫型人格障碍主要表现为强迫性的观念和强迫性的行为。

《国际疾病分类》（第十版）指出，强迫型人格障碍除符合人格障碍的诊断标准外，还需要满足以下至少三条临床描述特点。

①过分疑虑及谨慎。
②对细节、规则、条目、秩序、组织或表格过分关注。
③完美主义，以致影响了工作的完成。
④道德感过强，谨小慎微，过分看重工作成效而不顾乐趣和人际关系。
⑤过分迂腐，拘泥于社会习俗。
⑥刻板和固执。
⑦不合情理地坚持他人必须严格按自己的方式行事，或即使允许他人行事也极不情愿。
⑧有强加的、令人讨厌的思想或冲动闯入。

要克服强迫型人格障碍，一是要学会顺其自然。一旦确定这件事情已经做了，就不要反复去想。二是多交知心朋友，友谊和温情会让人生动灵活起来。

（三）依赖型人格障碍

依赖型人格障碍的人总是要求别人替自己做大部分决定、替自己做重要的事情，并且对自己的生活负很大的责任。应该住在哪里，应该拥有什么样的工作及谁应该成为他的朋友，他都依赖于伴侣、父母和朋友的决定。

《国际疾病分类》（第十版）指出，依赖型人格障碍除符合人格障碍的诊断标准外，另外需要满足以下至少三条临床描述特点。

①请求或同意让人为自己生活中大多数重要事情做决定。
②将自己的需求附属于所依赖的人，过分顺从他人的意愿。
③不愿意对所依赖的人提出即使是合理的要求。
④由于过分害怕不能照顾自己，在独处时感到不舒服或无聊。
⑤沉陷于被关系密切的人抛弃的恐惧中，害怕只剩下他一人来照顾自己。

依赖型人格纠正的关键在个人，应自觉向周围的人学习，逐渐独立处理一些事情，建立自信，保持尝试生活的勇气，遇到挫折不畏缩，要大胆出击，成败顺其自然。

（四）自恋型人格障碍

对自恋型人格障碍的诊断，目前尚无完全一致的标准。一般认为只要出现以下特征中的五项，即可诊断为自恋型人格障碍。

①对批评的反应是愤怒、羞愧或感到耻辱。
②喜欢指使他人，要他人为自己服务。
③过分自高自大，对自己的才能夸大其词，希望受人特别关注。
④坚信自己关注的问题是世上独有的，不能被某些特殊的人物了解。
⑤对无限的成功、权力、荣誉、美丽或理想爱情有非分的幻想。
⑥认为自己应享有他人没有的特权。
⑦渴望关注与赞美。
⑧有很强的嫉妒心。

除了以上讲到的四种人格障碍，比较常见的还有以下几种。

①反社会型人格障碍，主要特征：对他人情感淡漠，对挫折容忍度很低，抗压能力较差，冲动强烈，易激动，将世界分成好的和坏的两个极端；情绪爆发猛烈，很容易变得有暴力倾向，出现暴力行为；喜欢怪罪他人，认为自己总是对的；易冲动、易怒，不负责任，社会态度冷漠。

②边缘型人格障碍,主要特征:生活不稳定,人际关系不稳定,行为模式不稳定,情绪不稳定,甚至自我意象也不稳定;人际关系通常很紧张,比较情绪化,甚至有暴力倾向,十分害怕被遗弃;对自我的认识也时常变换,情绪强烈,经常自我伤害。

③表演型人格障碍,主要特征:过度寻求关注和情绪化(突出特点),往往举止轻浮,情绪过于戏剧化,喜欢成为被关注的焦点,装腔作势,常常夸张地表达自己的观点,具有自我暗示性,缺乏自我克制。

④回避型(焦虑型)人格障碍,主要特征:常常充满紧张和焦虑的感觉;没有安全感和价值感;对他人的批评和拒绝极度恐惧,甚至因此而限制自己的社交活动;自尊水平通常很低。

第三节 大学生积极人格的培养

大学生积极人格的培养,需要个体、学校、家庭的共同努力。健康人格的塑造,最关键的还在于大学生自身。人格是稳定的,但通过后天的努力也能培养良好的人格品质,调适不良的人格问题。

一、个体层面

(一)认识自己性格

为了有效地进行人格塑造,大学生首先应充分了解自己的人格状况;其次,应树立塑造健全人格的意识,认识到人格塑造是为了实现人格优化整合,达到人格健全;最后,应掌握优化整合人格的途径,即一要择优,二要汰劣。择优指的是选择和追求一些优良的人格特征,这些特征可以帮助我们成长和提升自己。例如,自信、勇敢、勤奋、善良、正直等都被认为是积极的人格特质,如果我们能够努力培养这些特征,往往能够提升自身的素质和能力。汰劣则是指改进和纠正自己人格的缺点和弱点。人都会存在一些不足之处,如自卑、胆怯、懒惰、任性等特点会阻碍个人的发展和与他人的良好交往。意识到并承认这些问题,并努力改善和克服它们,我们就能够更好地迎接挑战,发展积极健康的人格。择优和汰劣通常是同步进行的。

1. **性格优化与自我修养**

人的性格是在后天实践的过程中逐渐形成和发展的。虽然每个人在幼年时期的性格可能较为脆弱和不稳定，但通过后天的教育、环境和体验，人们可以逐渐塑造优良的性格特征。

杰出人物在成长过程中经历了不同的挑战和困境，通过对这些困境的克服和解决，他们逐渐培养出坚韧、果断等品质。通过对自身的反思和修炼，他们发展出谦虚、自律、自信和坚持的性格特点。然而，需要注意的是，人的性格也受到遗传因素的影响。有些人天生开朗、乐观或胆大，而有些人则内向、谨慎或敏感。这些个体差异可能来自遗传基因的影响。但是，无论遗传因素如何，后天的环境和教育仍然起着至关重要的作用，可以通过积极的努力和自我修炼来塑造和发展优良的性格特点。

无产阶级革命领袖非常重视自身修养和自我改造。他们认识到，只有通过自我修养和改造，才能更好地担负起革命使命，发挥自己的作用。他们不仅在战斗中勇敢无畏，还在日常生活中注重自我修养，通过不断反省和改进自己来提高自己的品质和能力。他们从精神上和道德上自我要求严格，注重培养正确的价值观和思维方式。他们关注自己的行为和言辞是否符合伦理道德，注重做到自律、遵守原则，以身作则。同时，他们也注重保持良好的身体状态，保持健康的生活习惯，这对于长期投身于革命事业至关重要。这些领袖常常为自己设立一些规范和座右铭，用以警示自己、激励自己，并且时刻保持警觉。这些修养的过程是漫长而艰辛的，并且要以严谨、稳重、理性的态度，不断进行自我反思和努力，以提升自己的修养水平。他们通过自我提升，逐渐培养了高尚的品德、广博的知识和卓越的领导才能，从而成为无产阶级革命事业的杰出领导人。

我们应当学习和效仿他们，注重自我修养，提高自己的道德水平和能力素质，为社会主义事业做出更大的贡献。不仅要关注大事，保持大格局，更要注重日常生活中的细节和自我改造，从而成为更好的个体和社会主义建设的积极参与者。

2. 性格转变的渐变和缓冲

性格是一个相对稳定的个性特质，不容易一下子发生巨大的转变。要改变性格，需要付出时间和努力，并且不能急于求成。像前进的车辆一样，如果要倒车，必须先停下来，然后慢慢地倒车。停车的过程是一个缓冲的过程，它可以抵消前进时的惯性。同样地，我们要转变性格，也需要给自己足够的缓冲过程，以适应性格的变化。急刹车、陡转弯只会使人感到困惑和失望，甚至可能会失去转变性格的信心。

因此，在性格的转变过程中，我们应该有耐心，温和地对待自己。可以通过一些小的改变来逐步调整自己的性格，慢慢地培养更好的个性特质。逐渐改变和完善自己，就像一种自我修养的过程，需要不断地反思和调整。同时，我们必须认识到，性格并不是一成不变的，而是会受到日常经历和环境的动态影响。通过持续的积极体验和经验积累，我们的性格也会随之转变和升华。

惯性是性格发展中的一个重要影响因素。性格是一个长期形成的心理特征，其形成有赖于我们多年来的经历和习惯。因此，要改变性格的发展方向，确实需要一定的时间和努力。对于急躁易怒、爱发脾气的人而言，克制火气确实是性格培养的首要步骤。当我们感到自己即将发火时，要学会有意识地停下来，冷静下来，可以通过深呼吸、数数或其他冷静自己的方法来实现。在克制火气的过程中，我们可能依然会面临呼吸急促、脸涨红等不自然的身体反应，但这并不代表我们在克制中失败了，重要的是继续坚持下去。过一段时间，若在面对无理要求时也能做到表情自然、呼吸不急促、脸色无变化，就算达到了目的。克服不良性格，只有从较低的起点开始，一步一步提高要求，才能顺利实现性格的转变。

3. 从改变坏习惯到改变性格

良好的生活习惯对性格培养至关重要。严谨和有条理的性格是需要通过日常的实践和努力培养而来的，而这些习惯可以从我们生活的方方面面开始建立。

首先，我们可以从细节之处开始，如穿衣、整理东西等。在选择衣服时，我们可以养成按照天气、场合和自己心情进行有序搭配的习惯；在整理东西时，可以根据种类、用途或频次，有条理地归置物品，避免杂乱无章。

其次，我们可以对待事务和完成任务时制定明确的计划和安排。可以建立一个日程表或任务清单，根据优先级和时间合理规划各项事务的完成顺序，以及合理分配时间和资源，提高工作效率。

此外，合理安排时间也是严谨和有条理性格的表现之一。要学会设置合理的时间限制和提前预留时间，以充分利用和管理时间。这样不仅可以避免拖延，还能够有效地安排自己的生活和工作，提高工作效率。

4. 从控制情绪到转变性格

情绪是反映性格的一项重要指标。人们的性格特征通常会通过情绪反映出来。乐观、开朗的人往往情绪积极向上，始终会处于愉悦、快乐的状态。他们面对困难和挑战时，会更加积极乐观地面对，做到从容应对，不馁不怯。他们通常更能够以积极的心态面对生活的挑战和变化。相反，抑郁、心胸狭隘的人往往情绪较为消极负面。他们常常感受到沮丧、焦虑、愁苦等情绪，对事物持有较为消极的看法。他们在面对困难和挫折时，容易产生消极的情绪反应，难以摆脱负面情绪的困扰。

然而，值得强调的是，情绪并不仅仅受到性格的影响，还受到环境、生活经历和个人能力等多种因素的共同作用。有时候，一个性格乐观积极的人也会面对挫折和困难而出现消极情绪；同样，一个性格抑郁的人也有可能在某些时刻展现积极正面的情绪。

通过有意识地培养积极的情绪，我们可以逐步改变与之相应的性格特征。情绪和性格之间存在相互作用的关系，而培养积极的情绪可以对性格产生积极的影响。对于性格抑郁的人，培养愉悦欢快的情绪是一个有效的途径。通过寻找生活中的乐趣并享受生活中的快乐，参与积极的活动，与乐观开朗的人交往，可以逐渐改变抑郁情绪的倾向，培养出更乐观开朗的态度和性格。同样，对于性格暴躁的人，培养平静从容的情绪也是一种有效的方法。通过学习放松技巧、情绪管理技巧，并寻找自我调节的方法，可以逐渐让自己更加平和冷静，从而改变暴躁性格的倾向。然而，这种转变可能需要时间和努力，而且每个人的情况也不尽相同。有些人可能更容易改变，而有些人可能需要更多的支持和指导。此外，个体的性格特征也受遗传因素的影响，故完全改变一个人的性格是不太可能的。

（二）调整认知结构

人们的认知方式和思维模式可以直接影响他们的情绪状态和心理健康。美国心理学家阿尔伯特·艾利斯（Albert Ellis）等的研究表明，人们对事物的看法和观点，即认知，对于情绪和心理状况的形成具有重要影响。不合理的或不理性的思考会导致负面情绪的产生和心理问题的出现。例如，一个人持有消极、悲观或扭曲的认知方式，他很可能以消极的眼光看待事件和情境，从而产生负面情绪，如焦虑、沮丧或愤怒。相反，一个人采用积极、乐观和合理的认知方式，他很有可能培养出积极的情绪和健康的心理状态。

艾利斯认为，人的大部分情绪困扰的心理问题，都来自不合理信念。这些不合理信念主要有三个方面的表现：一是绝对化。绝对化是指个体以自己的意愿和信念为出发点，对一切事物都有着必定会发生或必定不会发生的信念。这种绝对化思维会导致个体对事物的看法变得极端,并且不考虑其他可能性。这种思维方式常常使个体陷入固定的观念中,无法灵活地应对和处理问题。二是过分概括化。过分概括化是一种不合理的思维方式,个体常常用一两件事来概括自身或他人,并进行不合理的评价。这种思维方式忽视了多样性和复杂性,以偏概全地对待事物,容易产生不准确和片面的判断。三是极端化。极端化是指个体对事物可能不好的后果想象得非常可怕和糟糕,一旦发生了一点不好的事情,就认为整个情况都变得糟糕至极。这种思维方式常常夸大了问题的严重性,使个体感到过于焦虑和担忧,影响其情绪和心理健康。

大学生在面对情绪困扰时,应该检查自己的认知是否出现了偏差,并主动调整自己的看法和态度,以减少负面情绪的影响。情绪是心理健康的窗口,它不仅影响个体的身心健康,还会对学习效率、生活质量、人际关系和个人潜能的发挥产生重要影响。因此,大学生需要学会对自己的情绪进行调节和控制。乐观的情绪和积极向上的生活态度对于大学生健全人格的培养具有十分重要的意义。

(三)培养乐观心态

乐观的人一般对目标的坚持性更强,能够获得更多的资源,同时生活的满意度更高。一个乐观的人,不论处理什么问题,都会以积极的心态面对,会取得更理想的结果。

大学生培养乐观心态的方法有以下几种。

1. 积极的认知

事物都是有两面性的,当挫折或者困境给个体带来打击的同时,也正是成长的契机,关键在于首先要有良好的心态,其次要善于从挫折中总结经验教训。

2. 积极的理想

例如,认为自己具有独特的才能和品质,具有较强的现实控制能力,对未来保持乐观。这些积极的理想能够使个体更加自信,对未来充满希望,从而促使个体采取更多的行动,为生活的目标而努力。

人格健全的过程,就是心理健康和心理成熟的过程。要培养健康的人格,是一项系统的、长时间的自我改造、自我实现的过程,我们需要从生活中的点滴做起,且要一直在路上。未来的世界需要的不只是有知识的人,而是具备独立人格、完善人格、完善心灵的人。

（四）提高自我效能感

大多数人在成长过程中都会感觉到某些时刻他人对自己失去信心，真正成功的个体是那些即使在困难时期仍然坚信自己能够成功的人。提高自我效能感可以从以下方面着手。

1. 品味成功

自我效能感提高的主要动因是通过成功经验证明自己，尤其是多次成功。最初的成功经验对于个体在今后取得更大的成就来说非常重要，因此，重视与新任务的初次邂逅，充分准备，可以为自己提出分阶段、小模块的任务，以此增加成功体验。在获得成功后学会品味成功，用自己特有的方式留下纪念，如日记、照片、一个小礼物、与他人分享等，重复体验当时的情绪和感受，甚至是当时的温度、湿度、声音、味道等。

2. 重视榜样示范作用

根据社会学习理论，如果看到与自己相似的人通过持续的努力获得成功，就更易相信自己也是有可能成功的。对于大学生而言，可以看看身边的同龄人、优秀的学姐和学长是怎样通过努力实现目标的。在网络发达的今天，还可以通过各种网络平台，看看其他学校的同龄人在过什么样的生活，如果能够从中找到认可的榜样，放大榜样示范作用，也有助于提高自我效能感。

3. 寻找社会支持系统

社会劝说是加强自我效能感的信息源之一。当人们被劝说拥有完成某项任务和工作的能力时，更有可能投入更多的努力和毅力坚持下来，尤其是在举步维艰、怀疑自己的时候，社会劝说的作用更明显。对于个体来说，需要找到身边具有正能量、信任和了解自己、善于给出建设性意见和正向关怀的个体，在需要的时候，可以向他们寻求支持和建议。在日常生活中，可以多学习一些基本的沟通交流技能，如真诚、尊重、共情、温暖、倾听、积极关注等，学会给予他人正向关注和能量，成为有助于提高他人自我效能感的社会支持系统。

（五）培养自我决定能力

1. 培养独立自主能力

人的自我意识是在他人评价、社会比较、实践及自我反省下形成的，始于他人又脱离他人。独立但不孤立，独立而不对立，一个独立自主的个体不用向别人证明自己，也不需要时刻猜测别人是否喜欢自己、认同自己，而是更需要问自己：我为什么在做这件事情？是因为大家都在做、有人希望自己做、能向别人证明自己、自己喜欢还是其他？为了更加了解自己，培养独立自主能力，以下练习可供参考使用[①]。

（1）隐形设想

假设自己是"隐形"的，没有人知道你的相貌、品行、兴趣爱好，只有你知道自己慷慨大方、胸怀抱负、追求向往的生活，你会选择什么样的工作？会用自己的一生去做什么事情？

（2）确定自己的兴奋点

问自己："上一次让我废寝忘食、形劳而心不倦的事情是什么？"这种"忘我"境界往往就是我们的兴奋点，如果能够遵从自己的意愿，从事自己真正感兴趣的事情，就会发现自己变得有能力而且快乐。

（3）坚持不撒谎

不撒谎是指对自己诚实，坚持对自己诚实就是给自己传递"我的话很有价值，很重要"的信息。坚持练习直到重视自己说的话、重视和自己交流。长此以往，行为改变认知，就能不断靠近独立自主的自我。

（4）冥想

冥想可以使人达到一种相对冷静的状态，让身心更有活力和弹性，极大地提高心理免疫力和身体免疫力。通过冥想，学习找到真正的自我，迈向更自主、更积极、更幸福的生活。

2. 发展自我调控能力

根据自我决定理论，出于自主需要设定符合自身的需要、兴趣，满足关系需要的目标，更易让人们感到愉悦、满足或完成自我实现。设定目标后，主动计划、监控、调节和反思，直至目标达成，这一过程被称为目标达成的自我调控过程。研究发现，目标达成过程比结果本身对人的幸福感的影响更大。

对于自己想要完成的事情都可以尝试按照图 3-1 的模型进行自我调控，直至目标达成。

首先，设定目标。按照 SMART 原则，设定具体的（specific）、可测量的（measurable）、可实现的（achievable）、相关的（relevant）和有时限的（time-bound）的目标。个体可以根据当前的主要任务和目标询问"具体目标是什么""可以用

[①] 王滟明，邹简. 哈佛积极心理学笔记：哈佛教授的幸福处方 [M]. 北京：中国言实出版社，2011.

什么来衡量""是否可实现""为什么想实现这一目标""准备在多长时间内达成"等来帮助自己设定一个 SMART 目标。

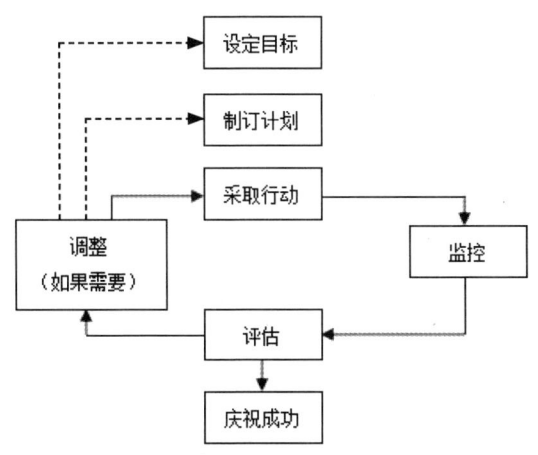

图 3-1　目标达成的自我调控模型[①]

其次，制订计划和采取行动。目标的实现离不开行动，很多目标都失败于拖延。个体可通过以下方式强化行动：①根据自我调控模型，计划是可以在行动后不断调整的，所以不要想着有了完美的计划后才开始行动；②学会拆分目标，了解下一步自己可以做什么，过于笼统庞大的目标的确让人不知如何下手；③激发动机，想一想这是自己选择去做的，为什么自己会如此选择，目标达成过程中会收获什么。

再次，监控、评估和调整。这是自我调控模型中的关键环节，也是个体最需要培养和提高的能力。"过去一周我都做了些什么？""哪些按计划顺利进行的？""有哪些成功或失败的经验？""下一步需要做出哪些调整？"在这样的思考中，逐步形成自我监控、评估和调整的习惯。这个过程实质是培养个体形成自我评价的习惯和能力，掌握自我监督和调控的技能，对于个体自我发展意义重大。

最后，庆祝成功。经多次自我调控后若目标达成，应该进行自我奖励。总结在目标达成过程中的努力和付出，回味在遇到困难时采取了何种有效的方法，给自己什么样的不同感受和体验，还可以做一个"纪念品"保留对于目标达成的喜悦。

---

① 曾光，赵昱鲲，等. 幸福的科学：积极心理学在教育中的应用 [M]. 北京：人民邮电出版社，2018.

（六）培养成长型思维

拥有成长型思维的个体能灵活地看待世界，相信事物是发展变化的，认为每个人都在不断地成长和进步。他们更能看到人的优点和潜力，拥有积极的人生观，包容自己的缺点，喜欢自己，也欣赏他人优点，包容他人的个性。面对自己时自信从容，面对他人时更加宽容大度。因而，成长型思维可以使人不断学习和成长，理解努力对成长的积极作用，拥有面对挫折的良好适应能力。

如何才能养成更全面的成长型思维模式？最重要的是个体应明白每个人都有混合的思维模式，然后观察是什么引发了混合思维模式中固定型思维模式的那一部分。固定型思维模式是出现在舒适区之外，让你感到焦虑不安的时候，还是出现在你犯错或失败并使你感到羞愧或变得保守的时候？找到之后可以用任何专用名称给这个固定型思维模式命名，如小米、多多、蓝蓝之类，当它再出现时，就以成长型思维模式的角度与它谈话。告诉它接受挑战有多重要，教会它错误和挫折是学习的一部分，向它展示你如何向眼前的那些技术更加高超的人学习，说服它专注长期的成长而不是短期的表现。培养成长型思维最重要的是要向自己传递成长性信息，更多地看到自己的努力。

健全人格本质上是一种舒展自在的状态，既不紧张也不放纵，既不卑微也不高傲，既不讨好也不回避。对于自我完善的追求并不意味着对自身不健全人格的消除、消灭。当我们学会无条件自我接纳，才有发展健全人格的可能。人格发展过程本质上就是去除偏见、消除认知扭曲的过程。例如，"我这个人总喜欢逃避，这种人格不健康，我要改变，以后再也不逃避了"，这是一种以偏概全的认知偏见。陷在问题的视角中，个体便无法认清全貌。自己为什么习惯逃避？在不明白这个问题前，每天给自己"打鸡血"，强迫自己去面对任何自己想要逃开的情境，陷入一个自我否定、无力改变的怪圈中。如果个体能够认识到"我过去只会使用逃避这种生活模式"，这是一种理解自身的视角，有助于个体摆脱问题症状的限制，逐渐认识到原来生活中遇到的情境是多种多样的，而逃避是自己采用的众多模式之一，有的时候甚至还挺好用。自己需要发展的是在不同情境下采取不同的模式去应对，而不是使用社会标准认可的"好"的应对模式。因此，个体着手自我改变的点可能放在"这样的情境下，除了逃避还有没有其他方式可以应对""这样的情境，如果用逃避去应对可能是行不通的"等。

这是一种更广阔、灵活的，也更利于人格舒展的视角，不是僵化的自我对立，而是将自身的一切变成可用的、能够协调运用的资源。要用不加评判的视角看待自己目前的状态，接纳、理解自己。

（七）积极学习科学文化知识

大学生学习科学文化知识，增长智慧才干的过程也是优化人格结构的过程。通过学习科学文化知识，大学生可以克服在人格发展过程中的一些无知和不足。实际上，有不少人格发展异常源于无知，如无知容易使人自卑、粗鲁、片面和武断。而且，丰富的知识使人自信、坚强、理智和果敢等，有了智力基础，人格发展的速度与质量才有保证。

无论伦理、数学还是史学、诗歌，各种知识的学习对个体健全人格的发展都是有益的。因此，当代大学生应做到文理并重，全面发展。

二、学校层面

（一）树立积极教育的理念

积极教育着眼于发掘和培养学生的积极品质和潜力，以此为出发点来进行教育。与传统教育相比，它更关注学生的个体差异和积极的一面，鼓励学生发展自身的优势和特长。传统教育往往会过分关注学生的问题和缺点，采取批评和惩罚的方式来纠正错误。积极教育则主张通过赞扬、鼓励和赏识来激发学生的积极性，从而促进他们的全面发展。教师在实施积极教育时，应该善于发现学生身上的积极品质和特点，并以此为基础来制订教育计划和引导学生的学习。积极教育的目标是培养学生的积极人格品质，包括乐观、自信、感恩、勇气等。通过积极教育，学生能够更好地认识和发展自己的潜力，增强自尊心和自信心，建立积极的人际关系，培养解决问题的能力，从而更好地应对挑战和面对人生的各种困境。

积极人格理论强调了教师和学生、家长和子女关系中的积极互动和发展。该理论认为，教师和学生都是成长和发展的个体，他们之间的关系不再是传统的教育与被教育的关系。在培养积极人格方面，教师和家长都扮演着重要的角色。对于教师来说，他们不仅要以积极的态度看待学生的发展，并培养学生的积极心理，还要对学生的健康成长予以关注。教师应该使用平等和积极的词汇和学生进行交流，并对学生的潜力进行挖掘，为他们创造发展和成长的机会。教师还应该树立一个积极的榜样，以激励学生成为积极向上的人。在家长和子女的亲子关系中，家长应该采取毕生发展的观点看待自己的孩子，不给孩子贴上固定的标签，而是用形成性和动态性评价来看待孩子。这样可以让孩子有受到肯定的幸福感，并鼓励他们不断自我超越和发展。同时，家长自身也要注重培养积极的人格特质，营造积极和健康的家庭氛围，以成为孩子的积极榜样。

因此，对教师和学生个体来讲，他们不仅是有潜能的主体，也是待开发与认识的客体。在新的社会背景下树立积极教育的理念，既在一定程度上修正了传统教育，也是在对传统教育进行深入理解之后重新对未来教育进行的一种定位。

大学生应该有意识地提高自己的挫折承受能力。挫折承受能力是一个人适应环境的重要能力。要提高挫折承受能力，首先，要正确认识挫折对人的影响。挫折既有利处也有弊端。正面的影响是，挫折可以促使个体的认识能力深化，并成为成长的新契机；负面的影响是，挫折可能引发心理痛苦、情绪紊乱，并导致行为偏离正常轨道。其次，要认识到挫折是不可避免的一部分，面对挫折不能害怕、逃避或气馁，而是要在挫折中培养自己的成熟度，在困境中崛起。这需要对挫折保持积极的态度，寻找解决问题的办法，并从中获得经验教训。最后，提高挫折承受能力还需要加强个人修养。自我反省是重要的一环，通过总结挫折经历，分析自身的不足及应对方法，从而快速适应并克服未来的挫折。同时，自我激励、积极进取也是必要的，要培养自己的自信心和积极态度，勇于迎接挑战和新的机遇。在社会生活中锻炼自己，学习生活经验，并向他人学习也是提高挫折承受能力的有效途径。

（二）提供施展才能的广阔平台

自我实现可以带给个体更多的自我效能感和信心，这种自我效能感和信心又会激发个体不断挑战和取得成功的动力，培养创造力并形成良性循环。在对大学生的自我效能感进行开发时，学校需要提供广阔的平台。这样的平台可以让大学生从自己擅长的领域开始，通过一次次的成功体验来提升和增强自我效能感。这些成功体验可以来自学习、研究、社交、实践等方面，关键是让学生感受到自己的能力和潜力。通过一步步的成功，大学生的自我效能感会不断提升，从而驱动他们勇于尝试新事物，涉足新领域，进一步挖掘和发展自己的潜能，逐渐将匮乏性动机转变为成长性动机。

对于特殊群体来说，如经济困难的学生，平台的搭建也非常重要。经济困难的学生往往容易因为经济上的困难而产生自卑感和缺乏自我效能感。在开发他们的自我效能感时，可以通过让他们体验帮助他人所带来的快乐来提升他们的自信心。同时，提供能够充分发挥他们特长的活动，让他们在这些活动中找到自信，从而逐渐树立自我效能感。

（三）建立完善的积极人格培养系统

大学生积极人格的培养需要学校、家庭和社会共同努力，形成一个有机的整体。学校在积极人格培养中扮演着重要的角色，因为这是学生在大学期间接受正规教育的阶段。学校可以通过课程设置和教育活动，引导学生树立正确的人生观、价值观，培养积极的态度和品质。然而，家庭和社会在此过程中也不可缺席。家庭是学生成长的第一教育场所，父母和家庭环境对于塑造学生积极人格起着至关重要的作用。家庭应该为学生提供支持和鼓励，给予正确的引导并提供积极的榜样。社会也需要为大学生提供积极的环境和机会，如社会实践、志愿活动等，让学生从社会中学会合作、奉献与责任等积极品质。

积极心理学是一种关注个体的优势、积极情感和幸福感的心理学理论和实践，旨在帮助个体实现更好的心理健康和全面发展。在大学生教育中，积极心理学可以应用于各个学科的教学和学校教育的各个环节中。这意味着可以利用大学生自身的积极人格特质，将其融入教育过程中，以促进学生的积极发展。这样的人格培养可以从家庭、学校、社会文化条件和语言环境等多个方面进行支持和组织，共同打造一个积极的育人环境。在这个环境中，通过增加积极体验，培养积极人格，进而形成一个积极的组织系统。这个系统可以为大学生提供有力的支持，促使他们在不同领域中发展积极人格。同时，在这个系统中对积极人格进行巩固和发展，保障其良好运行。最终，这种积极的育人环境将与大学生形成一个和谐的系统，实现他们的积极心理健康和全面发展。

人格健全是一个人心理健康的根本标志，对于个体的发展和未来的需要都具有重要意义。作为大学生，认识到健康人格对自身发展的必要性至关重要。充分发现和发展自身的长处是培养积极人格的重要途径之一。每个人都有自己的优势，要学会发现并充分利用它们，使其成为自己发展的力量。同时，要勇敢面对自己的不足，并承认自己的不足。这意味着要有勇气接受挑战和改变，不断发展自己，使自己的人格更加完善。这种积极的态度和行动有助于推动个体不断成长和进步。促进自身人格的完善是一个持续的过程，需要不断地进行自我反思和努力。大学生要积极参与各种学习和社交活动，培养自己的人格特质，包括积极乐观、坚持、毅力、适应力等。通过不断地发展和提升自身的人格，实现个人的全面发展和成长。

三、家庭层面

（一）营造和谐的家庭环境

家庭环境对人格发展具有重要影响。生长在幸福家庭中的孩子更有可能形成积极人格，而生长在不幸家庭中的孩子则更容易形成消极人格。然而，这并不意味着家庭环境是完全决定性的因素，也并不是简单的一一对应关系。家庭环境的和谐与否确实能够对人格发展起到重要的影响。和谐的家庭氛围有利于形成积极的教养方式和亲子关系，加强家庭成员之间的亲密感和安全感。在这样的环境下，孩子更容易形成自尊自信、乐观向上的人格特质。然而，即使是在不幸的家庭环境中，也有一些孩子能够培养出积极人格。这可能与孩子个体的内在特质、外部资源的支持、社会环境的影响等因素有关。他们通过自我努力、他人的支持或其他机遇，克服了不良家庭环境的影响，发展出积极人格。

大学阶段对于一个人的发展和成长来说是非常重要的，而家庭环境的和谐与否对学生具有显著影响。在大学阶段，学生面临着新的挑战和压力，需要适应新的学习环境、社交圈子和生活方式。父母在这个阶段的辅导应主要关注子女的非智力因素，如人生规划、社会适应和为人处世等。然而，很多家庭在子女步入大学后往往放松了对子女的关注和辅导，只承担生活费而忽视了他们在学校的发展和面临的困难。这样的家庭环境缺乏了家长对学生的持续陪伴和引导，容易导致学生的心理状态不稳定，对适应大学生活产生困难。此外，许多父母在面对子女的问题时，仅仅给予教训或采取让子女自己解决的态度，往往忽视了子女内心的需求和情感的表达，可能导致大学生的情绪问题和人格的消极发展。

因此，父母在子女大学阶段应给予持续的关爱和关注，可以经常与子女沟通交流，了解他们的学业、生活和情感状况，提供必要的支持和鼓励。此外，父母还可以引导子女树立积极的生活态度并做出积极的行为，鼓励他们养成良好的学习和生活习惯，培养他们解决问题的能力和积极应对压力的决心。

（二）注重家庭感恩教育

父母作为孩子的第一任老师，他们的行为和态度对孩子的模仿和学习有着重要的影响。在教会孩子感恩方面，父母必须首先懂得感恩。为了教会孩子感恩，父母可以通过带领孩子多参与家庭和社会活动来实施。家庭活动可以包括为家中老人做饭、做家务等，这样不仅可以增进家庭成员之间的互动，还可以让孩子学会关心和尊重家人。社会活动可以包括资助山区的学子、参加志愿者活动等，这些活动可以让孩子亲身体验帮助他人的快乐，培养孩子关爱社会、感恩他人的意识。此外，父母还应关注孩子因家庭、学校和社会的不一致影响而产生的心理动荡。家庭感恩教育应当纠正孩子产生的认知偏差，并通过父母的耐心开解和亲身实践帮助孩子消除这种心理问题。邀请孩子经常参加家庭聚会和参与帮扶、救助活动等方式，可以教会孩子用感恩的心对待家人、朋友和陌生人，并体验助人的快乐，将感恩之心传递给更多的人。对于那些得到社会资助的家庭来说，他们更应该心存感恩之情，鼓励孩子更加努力学习，将来回报社会。一个家庭的感恩教育可以辐射整个社会，传播感恩的正能量。

（三）注重培养孩子应对消极事件的能力

人的一生不是一帆风顺的，不可能只面对积极事件，不面对消极事件。积极人格能帮助大学生更好地处理各种事情。实验证明，家庭教育应该关注孩子面对积极事件和消极事件时的心态和能力。首先，让孩子接触积极事件会帮助孩子培养乐观心态。乐观心态可以帮助孩子更积极地面对挑战和困难，增强他们的抗压能力。父母可以鼓励孩子参加感兴趣的活动，提供积极的反馈和奖励，让他们有成就感，增强他们的自信心。同时，父母也应该给予孩子正确的价值观，教育他们珍视生活中的美好事物，培养他们对幸福的感知能力。当孩子面对消极事件时，家庭教育也应给予关注。父母可以倾听孩子的感受和想法，理解他们的困惑和不满，通过正确的引导和帮助，教育他们学会反思和总结。让孩子从失败中汲取经验和教训，培养他们在逆境中的韧性和应对挫折的能力。父母可以与孩子一起分析问题、提出解决方案，培养他们解决问题的能力。同时，父母也要以身作则，展示给孩子正确的应对压力和困难的方式。

第四节　大学生积极人格心理素质拓展训练

随着我国经济的繁荣发展和网络信息技术的进步，影视艺术渗透到人们生活的方方面面，对人们的生活产生了不可估量的影响。大学生作为社会比较活跃的群体，影视艺术对他们的影响最为显著。影视艺术在大学生的积极人格塑造等方面产生了积极的影响。

一、心理影片赏析：《美丽人生》

《美丽人生》是一部由罗伯托·贝尼尼（Roberto Benigni）执导，罗伯托·贝尼尼、尼可莱塔·布拉斯基（Nicoletta Braschi）、乔治·坎塔里尼（Giorgio Cantarini）等主演的剧情片。1997年12月20日，该片在意大利上映。

该片讲述了一对犹太父子被送进纳粹集中营，父亲利用自己的想象力对儿子说他们正身处一个游戏当中，最后父亲让儿子的童心没有受到伤害，而自己却惨死的故事。1999年，该片获得第71届奥斯卡金像奖最佳外语片、最佳男主角、最佳配乐三项奖项。

二、心理游戏：信任背摔

（一）项目目的与任务

1. 项目目的

通过活动建立彼此间的信任关系，帮助学生锻炼心理素质和克服恐惧。

2. 项目任务

全队每个人轮流上到背摔台上背向队友，双脚后跟 1/3 出台面，身体重心上移尽量垂直水平倒下去，下面的队员安全把他接住即为完成任务。

（二）项目要点

①背摔队员在背摔台上只能严格按照动作要领来做，以保证足够安全，尤其是不要向后蹲跃、倒下时肘关节收紧不要打开、不要垂直向下跳、要控制自己的双脚不要上下摇动并打开。

②搭人床的第一组队员的肩膀距背摔台沿约 30 厘米的距离，个子可以不用很高，一般可以安排女队员在该位置。第二组、第三组队员应用手臂力度最强的四个人，如果背摔者的个子较高，受力点应向后调节。

③每组队员的肩膀应紧密相连不留空隙，人床形状应保持由低渐高的坡状，剩下的队员要用双掌推住最后一组队友的肩膀处，以保护人床的牢固，所有队员在任何时候都不可以撒手或撤退。

④做保护的队员不要迅速撒手或鼓掌，以免发生意外。

（三）场景导入

大家都是一艘即将沉没的海船上的船员，船上仅有的救生艇已经坐满了人，可是还有一位同伴在甲板上没有搭上救生艇。如果 3 分钟内这个同伴没有安全地搭上救生艇，那么就将失去这位同伴。同时，救生艇上人员已经达到饱和，如果那位站在甲板上的同伴就这样跳上救生艇，很可能会对救生艇产生冲击，并使大家沉入大海。因此，我们必须寻找一个最安全、最稳妥的办法，让这位同伴顺利上艇。

（四）基本动作

①接入动作布置。做右弓步，双手伸出，手掌掌心向上交叠放在对方锁骨上，一组的两个人要将脚和膝盖贴紧，腰挺直，抬头斜向上 45° 看背摔者。

②背摔者动作布置。一是手部前伸、内翻、手指相扣，然后翻转手掌使其抵住下颚。二是在绑带后，让背摔者站在背摔台上进行以下动作：脚跟并拢、膝盖挺直、腰部挺直、胸部向内收缩、头部向下倾斜，同时手掌抵住下颚，以此准备进行背摔。

（五）注意事项

这个项目具有较大的危险性，确保团队活动的安全是至关重要的。以下是一些建议来确保团队活动的安全性和顺利进行。

端正态度和保持警觉性：所有参与者都应该对活动中可能的危险有足够的认识，保持高度的警觉性和专注力。遵循活动的规则和指导，积极避免可能带来危险的行为。

注意身体状况：如果队员有身体异常或受伤，应该及时告知培训师。培训师会根据伤病程度来决定是否可以继续参加活动或是否需要就医处理。

检查力量和技巧：在执行团队活动中的动作时，教练员应该检测每一组的力量和技巧，确保能够达到活动要求的标准。这一点尤为重要，特别是在需要依靠团队力量和配合的活动中。

鼓励和支持队员：队长有责任组织其他队员喊名字和进行队训，给予队员鼓励和认可。这有助于增强团队精神和凝聚力，同时也可以给做背摔的队员提供动力和信心。

尖锐物品的管理：在进行团队活动之前，所有队员应将身上的尖锐物品取下存放，以防止意外伤害。在活动结束后，再将这些物品收回，确保安全。

三、心理训练：转变心态

生活中我们可能经历了不少失败。选择一件让你感到沮丧失败的事情，然后按照这些提示，尝试改变表述的方式，体会一下自己的内心感受。

请结合自己的经历，补充完整后面的句子。

①我就是做不到。
②到现在为止，我还不能做到。
③因为过去我不懂，所以到现在为止，尚未能做到。
④如果我学会懂得，我就能做到。
⑤我要去学，我将来就会做到。
……

第四章 大学生积极情绪与心理素质训练

大学生正处于人生中重要的成长阶段，积极情绪和良好的心理素质可以助力大学生在学习、人际交往、恋爱及未来的工作等诸多方面的发展。本章围绕积极情绪概述、大学生群体中常见的情绪问题、大学生积极情绪的培养和大学生积极情绪心理素质拓展训练展开研究。

第一节 积极情绪概述

一、情绪与积极情绪

（一）情绪的定义与构成

1. 情绪的定义

情绪本身无优劣之别，通常包括积极和消极两种类型，有好坏之别的是由情绪引发的行为，行为的后果有好坏之分。情绪是与认知和意识过程相伴而生的，它是对外界事物的态度表现，反映了客观事物与主体需求之间的关系。情绪是以个体的意愿和需求为媒介的一种心理活动，它包含了许多复杂的成分，如情绪体验、情绪行为、情绪唤醒，以及对刺激物的认知等。情绪是人在内心中的一种感知和体验。人的不同情绪在生理上的表现会反映在知觉中，进而形成不同的内心感觉。

情绪四维理论是由心理学家C. E. 伊扎德（C. E. Izard）提出的，该理论认为：人的情绪的自我感受基于四个维度，即愉快度、紧张度、激动度和确信度。愉快度反映了主观体验的享乐色调；紧张度表示包括肌肉紧张和动作抑制等成分的情绪的心理激活水平；激动度表示个体情绪、情境出现的突然性，即个体预料不足和准备不足的程度；确信度表示个体胜任、承受感情的程度。人脑对客观环境和客观现实的重要反应形式之一是内省的情绪体验，这种反应形式与认知活动有所区别，它是带有主观色彩的反应，而不是对客观事物本身的反应。

因此，一个人的需求和动机与情绪密切相关，当人类的某些需求得到满足或目标没有实现时，他们会感到喜悦或悲伤。例如，当学生考试达到自己希望的分数时，就会不由自主地开心快乐；当遇到困难和挫折时，就会愁容满面；当失去亲人或亲近的朋友时就会很悲伤。

2. 情绪的构成

情绪既是一种客观的生理反应，也是一种主观体验，具有特定的目的和社会表达。在情感建构理论中，当情绪出现时，人们认为五个基本要素需要在短时间内合作和同步。

认知评估：当主体注意到外部事件（或人）时，认知系统会自动评定事件的情绪颜色，并触发下一个情绪反应。例如，看到心爱的动物死亡，主人的认知系统会将事件评估为负面，这对它自己很重要。

身体反应：若主体遇到突发情况，身体会自动做出反应使之适应。这是情绪的生理成分（例如，意识到死亡是不可改变的，对主人神经系统的刺激减少，全身虚弱，心率下降）。

感觉：人类经历的主观感受。例如，宠物死亡后，主人的身心会产生一系列的反应，主观意识会感知到这些反应，这些反应可统称为"悲伤"。

情绪表现：面部和声音的变化反映了一种感觉，即向周围的人传达情绪主体对一件事的认识和行为意图。例如，当他看到动物死亡时，嘴巴会塌陷，会感到悲伤。表达情感有共同的因素，也有来自不同地区的独特因素。

行动方向：情绪可以产生动机。例如，在悲伤时会渴望与人交谈，在愤怒时会尝试通常不会做的事情。

（二）积极情绪的定义与形式

1. 积极情绪的定义

积极情绪存在不同的定义。伯特兰·罗素（Bertrand Russell）认为积极情绪是当事情进展得顺利时，想微笑时产生的那种好的感受。情绪的认知理论认为，积极情绪是在目标实现过程中取得进步或得到他人积极评价时产生的感受[①]。

---

① 汪海云. 积极情绪的自我培养[J]. 大众心理学，2020（6）：43-44.

积极心理学领军人物、杰出的积极情绪研究者芭芭拉·弗雷德里克森（Barbara Fredrickson）认为，积极情绪是对个人有意义的事情的独特即时反应，是一种暂时的愉悦[①]。

积极情绪是蕴藏在我们每个人身体里的能量。当我们开启积极情绪模式，虽然我们不能阻止坏事情的发生，但是我们仍然可以获得好的心态，并让生活充满阳光和正能量。不是因为我们身体健康、学业或事业成功、生活幸福才能感受到积极情绪，而是积极情绪帮助我们获得了健康的身体、成功的学业或事业和幸福的生活。积极情绪让我们的生活进入一个良性循环。

我们可以试着回想一下，在生活中有哪些时刻和场景让我们体验到了积极的情绪。例如，当父母和朋友为我们过生日时，我们感到开心；当见到期盼已久的亲人时，我们感到欣喜；当被眼前的美景吸引时，我们感到美妙；当对某些事物充满好奇时，我们充满了兴趣；当与恋人拥抱，说着贴心的话时，我们感受到幸福；当想到一个创意的方法解决了面临的难题时，我们兴奋激动……

2. 积极情绪的形式

弗雷德里克森根据人们最常感受到的积极情绪形式，列出了十种积极情绪，即喜悦、感激、宁静、兴趣、希望、自豪、逗趣、激励、敬佩和爱。每种积极情绪的来源各不相同。

（1）喜悦

生活中最常见的积极情绪是喜悦。喜悦是一种轻快而明亮的感觉。当一切的发展按照我们预想的方式进行，产生符合我们期望的结果，甚至比我们期望得更好时，我们通常会感受到喜悦。例如，和家人聚餐时，不仅享用了美食，而且聊了很多开心的事情等。在很多场景中我们也能感受到喜悦：家人或朋友为你办生日聚会；你打开邮箱，发现一个意想不到的老朋友的来信；好朋友陪你一起出去游玩……当我们心情愉悦时，我们会感到全身轻松，周围的事物看起来更加赏心悦目。我们甚至想要参与他人的交谈，对接下来的事情充满期待。

（2）感激

当我们感受到别人对我们的帮助时，我们会体会到感激：老师温和地给我们提出学习建议，让我们把自己的学习方法和计划调整得更好；父母为我们准备一顿丰盛的晚餐；生病时，室友帮我们买药、打饭；清洁工将校园道路打扫得干干净净；有人归还了我们丢失的钱包……很多时候，我们可能会对某种事物心怀感

---

① 弗雷德里克森. 积极情绪的力量［M］. 王珺，译. 北京：中国纺织出版社，2021.

激，而不是某个人。这种感激源于我们感受到了某种事物的益处。身体的健康、早上的朝阳、呼吸到新鲜的空气等，也都能让我们体验到感激。

（3）宁静

宁静是喜悦的一种低调、轻松版本，当我们身处安全而美好的环境中时常常会感受到：当我们呼出长长的、舒爽的一口气时，感到目前的状况是如此舒服和顺畅；当我们经过一天艰苦而重要的工作，我们在院子里阴凉的吊床上睡着了；在一个阳光明媚的早晨，海浪的声音撞击了我们的脑海，当凉爽的风抚摸着我们的皮肤时，我们去海滩上散步；我们依偎在沙发上，手里拿着一本好书，脚上卧着一只温暖的猫，身边有我们最爱的人。弗雷德里克森将日落余晖描绘成平静的情绪，低沉而执着。平静让人们沉浸在当下，享受当下的感觉。

（4）兴趣

兴趣是当我们在一个安全的场景中，被新的、陌生的事物吸引时，我们会在内心体验到一种可能性和神秘感。与快乐和宁静有所区别，感受兴趣需要努力和更多的关注。兴趣会牵引着个体沉浸在正在接触的事物当中去探索：我们想探索树林中的一条陌生小路的去向；我们想探索自己不熟悉的一项新挑战，无论是烹饪还是赛车；我们会废寝忘食地去阅读一本新书。兴趣会引导着我们走进陌生世界，尝试新的东西，去消除神秘，知晓更多。

（5）希望

和其他积极情绪不同，当事情的发展不利时，我们更容易感受到希望。希望的核心信念是事情能够好转，我们期待好事的发生。在面临重大挑战时，如在一次关键考试中失败、失去工作或者发现身体上的异常，希望的力量尤为明显。希望就是在绝望的情况下产生的。在希望的核心深处，是相信事情能够好转的信念。无论目前事情多么恶劣或不确定，它们都可以变得更好，可能性是存在的。希望支撑着我们，在绝望中能够坚持不崩溃。它鼓舞我们发掘自己的潜力，以扭转形势，并启发我们规划更美好的未来。

（6）自豪

自豪是自我价值得到认可时产生的情绪。和以上积极情绪不同，自豪是"自我意识情绪"的一种。自豪一般伴随着个人成就而产生。自豪感可以是完成某项任务带给我们的良好感受。例如，烹煮晚餐、期末考试得了高分、在班级演讲、帮助了别人等，我们都会产生自豪的感觉。

（7）逗趣

逗趣和笑是联系在一起的。有时我们发笑是遇到了一些意想不到的事情：好友吃了最新制作的菜品后，做了个好笑的鬼脸；我们指导孩子洗衣服时，出现了失误；朋友分享了他听到的一个笑话；同事迟到了，他做了一个幽默的解释。这些都让我们想笑，感受到逗趣。

（8）激励

激励也是一种重要的积极情绪。当看到运动员在赛场上拼搏、获得胜利、为国争光时，我们会感受到激励；当我们看到着急上学的中学生耐心地帮助一位年迈的老人过马路时，我们会感受到激励；当我们阅读一部名著，被主人公坚韧不拔的精神感动时，我们会感受到激励；当我们看到父母辛苦劳作只为给我们提供更好的生活条件时，我们会感受到激励。激励的感受常常能带给我们内心的触动，进而产生行动的动力。

（9）敬佩

敬佩与激励密切相关，往往激励我们的对象，也是让我们深深敬佩的对象。我们敬佩那些在人类历史上留下丰功伟绩的人物，如秦始皇、毛泽东、爱因斯坦、曹雪芹等。我们也敬佩那些默默无闻的普通劳动者。当我们参观了长城、故宫、金字塔、兵马俑等人类奇迹时，内心久久感叹工程的宏大，劳动人民的伟大。敬佩的对象可以是人，也可以是伟大的事物。例如，我们敬佩大自然，被它的壮丽景观打动：美丽的夕阳，浩瀚的大海，挺拔的山峰等。

（10）爱

爱由多种积极情绪所组成，包括兴趣、喜悦等。爱是最丰富多彩的一种积极情绪。它可能包含了上面所有的积极情绪感受。在生活中，我们会将上面的种种积极情绪转变为爱。当这些积极情绪所带来的美好感受和一种安全的、亲密的关系相联系，扰动我们的心灵时，爱就产生了。

二、积极情绪的现实意义

（一）积极情绪的功能

1. 扩展个体的认知

不论是作为短暂的情绪状态还是长期的情绪状态，积极情绪都可以促进个体认知的扩展。弗雷德里克森等研究者要求大学生观看一系列能够引发不同情绪的电影片段，包括满意、快乐、焦虑和愤怒。随后，他们测量了参与被试成员在观看电影片段后不同情绪的思维活动序列和注意范围，发现思维活动序列和注意范围会因为满意、快乐的积极情绪得到扩展，同时也会因为焦虑、愤怒的消极情绪而缩小[①]。

积极情绪可以提高解决问题的有效性，促进和谐的关系，并解决谈判问题。积极情绪为协商和谈判创造了积极的氛围，同时也增强了个人的认知灵活性，使他们能够找到更多解决问题的方法。处于积极情绪状态的人更有创造力，更有效地解决问题，更全面地做出决策。积极情绪能够激发个人创造力，成功解决问题并做出有效决策，主要是因为它们对认知功能有重大影响。

2. 建构个人的心理和社会资源

积极情绪有助于积极理解事物，并对个人资源产生建设性影响。积极情绪可以提高婚姻的满意度，促进友谊的长期发展，促进身体健康。积极的日常情绪体验可以调节应激反应，调节应激恢复。除了对压力和应激引起的负面情绪进行直接补偿外，积极情绪还可以对负面情绪引起的动态失衡产生正确的影响。

积极情绪有助于人们从生活压力中恢复过来。积极情绪可以提高自我抵抗力。心理免疫力与积极情绪密切相关，共同提高对压力的抵抗力，可以瞬间舒缓压力和应激紧张体验。心理免疫力高的人可以从压力事件引起的生理唤醒和负面情绪体验中恢复，而心理免疫力低的人在压力事件后可能会出现抑郁症状。

积极情绪对心理健康有益。积极情绪扩大了我们的人际资源，拉近了我们的人际关系，使我们能够以友好和谐的方式与他人互动。以积极的情绪状态处理生活中的问题可以提高解决问题的效率，提高个人对社会的适应能力。在应对社会中的事情时要保持一种积极的情绪状态，以创造更多的社会资源，从而加强个人与社会之间的联系。积极情绪对个人的心理健康和成长有着重要的影响。积极情绪导致的个人资源的增加是持久的，这样人们就可以积极地发现和探索生活的乐趣。对于个体的长期发展来说，积极情绪增加了他们对环境的适应能力，并在一定程度上提高了他们的生存能力。

3. 促进组织的效能

积极情绪不仅对个人的适应性起着重要作用，而且对组织成员也有积极的影响。影响成员工作绩效的因素不仅是情绪高涨时的喜悦和激动等，还有情绪低落时的满足感和平和感。

---

① 弗雷德里克森. 积极情绪的力量 [M]. 王珺, 译. 北京：中国纺织出版社, 2021.

4. 解除消极情绪引发的机体反应

消极情绪产生时，积极情绪的撤销效应能够使个体出现两个显著变化：一个显著的变化是可能会导致个体强烈激活各种相关的生理觉醒，使个体能够本能地对特定的环境挑战做出反应。个体生理活动水平可能暂时不平衡。另一个重要的变化是创造特定的行为趋势。积极的情绪可以撤销消极情绪引起的各种心血管活动的激活状态，将体内生理活动的失衡恢复到正常的基线状态。

积极情绪的撤销效应不仅可以撤销消极情绪给个人带来的思维活动的狭窄序列，使思维活动恢复到正常的基线水平，还可以缓解消极情绪引起的紧张和焦虑，表现为撤销生理唤醒。

5. 促进生理健康

积极情绪有助于预防和治疗疾病。当人们对疾病有积极的期望和认识时，他们可以对自己的疾病保持乐观和冷静的心态，这给身体带来了生理上的积极暗示，增强了对抗身体疾病的能力。

（二）积极情绪的影响因素

1. 认识因素

情绪体验中一个非常重要的因素便是认识。即使在同样的情况下，不同的认知评估也会导致不同的情绪体验。事情是对是错取决于你如何认识、判断和做出怎样的决定。在某种程度上，认知决定了情绪。

通常情况下，事情的发展不以人的意志为转移，但是我们可以努力控制主观信念。不合理信念虽然是我们无法避免的，但我们应充分了解它的存在，尽量减少其对我们生活的消极影响。不合理信念具有以下两个表现。

（1）绝对化要求

这一要求通常与诸如"必须"或"应该"之类的词相关联。例如，"我必须成功""别人必须对我好""生活应该是轻松的"等。俗话说，"人生不如意事十之八九""计划不如变化快"，人类的意愿通常不是生活中许多事情的发展标准。我们每个人不可能在每一件事情上都获得成功；同样，我们周围的人和事的表现和发展也不能完全跟随我们的意愿。

（2）过分概括化

根据事情的成败来评价所有人（包括自己和他人）。在这个世界上，没有人能够做到完美，自己或他人是有可能犯错误的，每个人都应该接受这一点。

（3）极端化

极端化往往是与人们对自己、对他人及对周围环境的绝对化要求相联系而出现的，即在人们的绝对化要求中的"必须"或"应该"的事情并非像他们所想的那样发生时，他们就会走向极端，认为事情糟糕至极。好的事情确实有可能发生，但糟糕的事情也会发生。我们必须努力接受现实，尽可能地改变糟糕的状况。

2. 环境因素

人的情绪与环境因素关系密切，环境因素对人的情绪的作用是不可忽略的。情绪所受到的环境因素的影响包括大自然变化、颜色刺激等。

（1）大自然变化

通常而言，人们在雨天容易情绪低落，当天气晴朗时情绪也会好转。持续的降雨很容易导致愤怒、对人或事的耐心下降，并且缺乏处理事情的注意力。现代医学研究表明，人类大脑中的自然电磁压力在满月期间会发生变化。对月亮敏感的人在满月期间大脑右半球的电磁压力会增加，导致情绪不稳定和易怒。专家建议，满月期间对月光敏感的人不要对工作过于紧张，应该多休息。

（2）颜色刺激

大家可能对这种现象都有过深刻的体会：大自然在春天展现出如画般的美景，人们漫步其中时，烦恼的情绪也被一扫而空。阳春三月，人们还形成了到郊外踏青的习俗。简单来说，明亮的色彩更有助于消除负面情绪，改善我们的心情。在五彩斑斓的春天里，人们的情绪往往更加愉悦。

第二节 大学生群体中常见的情绪问题

一、大学生常见的情绪问题

（一）大学生情绪问题的概念

潇洒恣意的大学生应该是最健康的群体，但近年来，大学生的心理障碍和疾病问题变得明显，各种疾病导致他们停课和停学。危害大学生身心健康的原因是多方面的，且多与他们的情绪密切相关，尤其是强烈而持久的负面情绪问题，对大学生的伤害更大。

大学生的情绪问题，一般是指大学生的消极情绪，是指生活事件引起的悲伤、痛苦长时间不能消除的状态[①]。一方面，情绪问题会导致大学生大脑神经活动功能障碍，削弱对情绪中心部位的控制，限制他们的认知范围，降低自制力和学习效率，不能正确评估自己，导致不理性行为，引发心理障碍和心理疾病；另一方面，大学生的免疫功能会因为情绪问题而降低，它会导致生理失衡，从而导致心血管、消化系统、泌尿系统、呼吸系统、内分泌系统的各种疾病。

（二）大学生情绪问题的表现

1. 焦虑

焦虑是一种常见的现象，是当自尊受到潜在威胁时的一种不安的反应倾向或类似担忧的反应，是对某些负面后果的主观预期所产生的不安全感，是紧张、害怕和担忧的混合情绪体验。当人们面临威胁或预测到某些负面后果时，他们可能会经历这种情况。焦虑不仅存在于大多数人的生活中，也是抑郁和恐惧等其他心理障碍的常见因素。焦虑作为一种情绪感受，可以通过肌肉紧张、出汗、嘴唇发紫、头晕等身体特征来反映。焦虑还伴随着认知成分，认知成分由许多成分组成，主要认为未来会发生不愉快的事情。由于焦虑与恐惧、担心、恐慌等之间的相关性，一些人将担心视为焦虑的认知组成部分。

焦虑对大学生的影响是复杂的。这可能是他们成功的内在动力，促进他们的进步，但也可以起到阻碍作用。适度的焦虑有助于学生保持适度的紧张，提高注意力，促进学习。但是过度焦虑会影响学生。例如，有大学生在考试前睡不着觉，或者在考试期间没有发挥自己的正常水平，这通常是过度焦虑的结果。受过度焦虑影响的大学生总是感到极度紧张、惊恐害怕、心神不宁、思维混乱和注意力不集中，甚至记忆力减退，同时头痛、失眠、厌食、胃肠道紊乱等不良生理反应也容易出现。焦虑的大学生在内心深处有一种无法解脱、不愿正视现实的心理问题，焦虑是矛盾和冲突的外在表现，是避免更深层次问题的防御机制。

2. 抑郁

抑郁的症状不仅包括各种感受，还包括情绪、认知和行为特征。抑郁最明显的症状是心情压抑，有此症状的人就像掉进无底洞或黑洞之中，正被淹没或感到窒息。其他感觉包括愤怒和内疚的倾向。抑郁通常伴随着焦虑、对所有活动失去信心及失去独自生活的欲望。抑郁还附带着个人思维模式的变化，这些认知改变可以是一般性的，如注意力不集中、记忆力衰退或决策困难。抑郁的人可能会有

---

① 张建育. 大学生的嫉妒心理及其影响因素的研究［D］. 南昌：江西师范大学，2004.

更多思考过程的心境转变，消极地看待世界、自己和未来。因此，抑郁的人很难记住美好的回忆，他们责怪自己，认为他人对自己的看法是负面的，对未来感到悲观。同时，抑郁往往与频繁疲劳、起床困难及睡眠模式的变化等身体症状有关，如睡眠过多或早上醒来太早而无法再次入睡。此外，抑郁的人也可能出现饮食紊乱，吃得太多或太少，导致体重突然增加或减少。抑郁是一种低落、消沉的情绪体验，通常与苦闷、不满、担忧和困惑等情绪交织在一起。

大学生的抑郁情绪表现为强烈而持久的悲伤、忧虑，情绪低落，心境悲观冷漠；在自我认识评价方面表现为自我评价低、自卑，认为自己没有用处，觉得生活毫无意义，未来没有希望，常自我责备甚至谴责，甚至有自罪感；在生活方面表现出对生活缺乏兴趣，没有喜欢或者主动想去做的事情，不愿与他人接近，回避社会生活。另外，抑郁还伴有身体方面的不适感觉，如食欲下降、全身无力、失眠或者早醒。从外表上看，抑郁的人面容忧虑，心事重重，常叹息或哭泣，言语动作迟缓。某些抑郁症患者可能仅仅表现为身体不适，由于当事人不愿与人沟通，如果不加以关注，其消极的抑郁情绪则不易被外人察觉。

3. 愤怒

愤怒是当客观事物与个体的主观意愿相矛盾或欲望无法实现时，人们内心产生的一种激烈的情绪反应。愤怒会导致身体机能出现异常，如心跳加速、心律不齐、血压升高等。此外，愤怒还可能削弱甚至使人失去自制力，阻碍思维，引发冲动行为，造成无法挽回的后果。

愤怒是一种常见的消极情绪。大学生处于精力充沛、血气方刚的青年时期，往往具有好激动、易动怒等情绪特征。一些大学生因为一句刺耳的话语或一件不顺心的小事就会变得愤怒无比；有些人因为与他人的关系紧张而怒气冲天、恶语相向；有些人则因为别人的观点或意见与自己不一致而感到愤怒和羞耻；还有一些人因为一时的成功或得意而变得骄傲自大；一些人则因为暂时的挫折或失败而感到极度悲观和失望。这些遇事缺乏冷静分析和思考，追求一时之快，以及冲动行事的不良情绪特点，在大学生身上时有体现。

4. 嫉妒

嫉妒是一种普遍存在的情感，当人们看到别人比自己更优秀时，人的内心或许会产生不平衡、痛苦、愤怒等感觉。这种情感包含了羡慕、愤怒、怨恨、失望、屈辱、虚荣和悲伤等多种负面情绪。嫉妒者不能容忍别人超越自己，对于别人获得的名誉、地位等非常嫉妒，总是认为自己无法得到的东西别人也不能得到。在大学生中，嫉妒是一种常见的情绪体验，表现为当看到他人的学识、能力、品行、荣誉等超过自己时，会产生不满、痛苦等情绪。

嫉妒是一种与生俱来的情绪，也是一种心理障碍，会扭曲人的心灵，阻碍人与人之间的真诚交往。强烈的嫉妒心可能导致身心疾病发生。如果长期处于不良的情绪状态中，人们会感到压抑，并可能进一步产生消极情绪，如忧愁、消沉、怀疑、痛苦和自卑，这将严重损害身心健康。此外，嫉妒心强可能会阻碍大学生的自我发展，因为不良情绪会大大降低学习效率。而且，嫉妒心强的人往往不容易结交到知心朋友，因为嫉妒心强的人往往事事好胜，总想压倒别人。这可能使他人采取防御措施，避免与其深入交往。结果，嫉妒心强的人可能会感到孤独和寂寞。

5. 冷漠

冷漠是指个体对外部刺激缺乏适当的情绪反应，对生活中的各种悲喜经历都表现得相对无感。具体表现为对事物漠不关心、态度冷淡，甚至退缩避让的消极情绪体验。

冷漠是压抑内心情感的一种消极逃避反应。有的大学生选择以冷漠对待周围的人和事，他们对集体和同学的态度冷淡，对自己的前途命运、国家大事等漠不关心。这种表现看似超凡脱俗，但实际上，他们的内心可能承受着巨大的痛苦、孤独和压抑。长时间处于这种负面情绪状态下，如果心理能量无法得到释放，一旦超过极限，就会导致心理平衡被破坏，对身心健康产生不良影响。

冷漠是在个体不堪承受挫折压力、攻击行为无效或无法实施，又看不到改变境遇的情况下产生的。

（三）大学生情绪问题的特点

1. 丰富性与复杂性

在大学阶段，自我意识不断增强，新的需求不断涌现，情感的丰富性也随之不断提升。这主要表现在大学生具有丰富的自我情感方面，即对自我认识的态度体验，如自尊、自卑等；还表现在两性情感方面，即对爱情的情绪体验。从发展阶段来看，大学生正处于需要做出多种人生选择的阶段，很多人生大事，如学习、交友、恋爱等基本在这一阶段完成。

大学生是特殊的群体，他们正处于心理断乳期，即生理基本成熟而心理尚未完全成熟，容易受到外界的干扰。他们对新鲜事物感到好奇，对社会现象、人际关系等各种事情都特别关注。他们热衷于追求友谊和爱情，对未来和学业充满信心，充满青春活力，拥有积极的情绪，思想上积极进取。但大学不是象牙塔，有着激烈的竞争，也给大学生带来了压力，人际困扰、恋爱挫折、就业压力等都有可能导致消极情绪的产生。因此，大学生的情绪既丰富又复杂。

2. 易感性、波动性与两极性

人生中感情体验最强烈的时期往往就是青年时期。青年期大学生易受感染，情绪来得快去得也快，往往一场精彩的演讲就会让学生热血沸腾，一场扣人心弦的比赛就可让学生废寝忘食。社会的变迁、体制的变革、家庭的变故及学习、交友等都会影响大学生的情绪，使其情绪摇摆不定，他们时而激动，时而悲观消沉，表现出极大的波动性。刚刚情绪还在波峰，转瞬情绪又跌入谷底，这种极端形式就是情绪的两极性。

3. 激情性与冲动性

大学生往往拥有广泛的兴趣，对外界事物敏感，而且年轻气盛，容易受到群体心理的影响。因此，在许多情况下，他们的情绪容易被激发。虽然同中学时相比，随着知识和认知能力的提高，大学生对自己的情绪控制有所增强，但在激情状态下，也常因情绪失控而出现冲动性的行为。

4. 自尊心与敏感性

由于自我意识的发展，大学生强烈需要肯定自己、发展自己，希望能得到别人的重视和尊重。而且，作为青年人中的佼佼者，大学生普遍对自己的期望、要求较高。因此，大学生的自尊心普遍较强，一些大学生往往喜欢表现自己：有的大学生故意在某些事情上表现得特立独行，以引人注目；有的大学生喜欢对某一件事高谈阔论，发表自己的主张，以此来提高自己的声望；有的大学生通过各种比赛来展示自己的才华，希望能博得别人的好感和青睐；有的大学生甚至通过炫耀自己的社会关系和某些成就来提高身价。由于大学生的自尊心较强，对与"我"相关联的事物都非常敏感，会产生强烈的情绪反应。

5. 阶段性与层次性

大学阶段，各个年级学生的情绪、情感呈现出不同的特点，表现出阶段性与层次性。初进大学时，很多新生自视过高，渴求别人的认同、关注，表现为自信甚至自负，但也有不少学生出于各种主观或客观原因，陷入厌学的困境。新生既感到自豪又感到自卑，既感到放松又感到压力沉重，既充满新鲜感又怀有恋旧情结，情绪波动较大。即使在同年级的学生中，由于社会、家庭及对自身要求的不同,期望的差异,以及能力、心理素质的差别,学生也会表现出各种不同的情绪状态和层次差异。大学二、三年级学生因为已经适应了学校生活,所以情感比较稳定,独立性、主动性得以发展。

6. 外显性与内隐性

在面对外界刺激时,大学生通常会迅速做出反应,并且情绪表现明显。他们的喜悦、愤怒、悲伤和快乐都很容易在脸上显现出来。因此,一般来说,他们情绪的内心体验和外部表现是一致的,具有明显的外显性特征。大学生的很多情绪是一眼就能看出的,如当所在班级、系或学校在文体比赛中获胜时,他们常欢呼雀跃、欣喜若狂。随着年龄的增长,大学生的自制力逐渐增强,他们的思维逐渐具备了独立性,自尊心也逐渐发展。考虑到各种不同的因素,他们会表现出各种不同的情感,有时甚至会隐藏自己真实的情感世界,用一种与内心世界有区别的方式来表达情绪,使自己的外部表现与内心体验呈现出不一致性,表现出内隐、文饰的特点。

二、大学生常见情绪问题的原因及影响分析

(一)大学生常见情绪问题的原因分析

1. 客观因素

(1)社会环境的影响

在社会主义市场经济体制下,竞争机制的引入和生活节奏的加快对大学生的心理造成了很大冲击。由于他们的社会经验较少,心理承受能力较弱,这可能导致他们在面对某些变化时出现严重的心理和行为问题。大学生的主要任务应该是全面塑造自己,将自己推向市场,接受市场的选择。然而,许多学生由于自信心不足,常常出现过于焦虑和担心的情绪。

(2)学校环境的影响

随着高校教育体制改革的深入推进,只注重学习成绩和一纸文凭的时代已经一去不复返。为了适应市场的需求,提高办学水平和培养优秀人才,高校对学生的综合素质和学习成绩都提出了更高的要求,并制定了严格的考核标准。大学生稍有懈怠就会在竞争中被淘汰,这也成为大学生产生消极情绪的一个原因。另外,随着高校改革的不断深化和招生规模的扩大,高校办学模式和制度也发生了变化。教育产业化的上学交费制度、奖学金制度、考试淘汰机制及择业制度的完善,无不影响着每一个大学生,冲击着他们的心理,引发他们的情绪波动。

（3）家庭因素的影响

家庭是人才成长的摇篮，家庭经济状况、家长教育方式与态度、家庭成员间的亲疏关系，对学生情感的培养具有至关重要的影响。在当前社会快速发展的背景下，家庭的变故对大学生情绪的波动会产生深刻的影响。此外，家长对子女的过高期望和要求，过于急切地期待子女成功的心理，对加重子女的心理负担，使之产生焦虑不安的情绪体验起到了推波助澜的作用。一些大学生因为害怕不能满足家长的要求或不能为家庭增添荣誉，引发了极度的焦虑和深深的苦闷情绪反应。个别大学生也因为感受不到家庭的温暖或来自教师、同学的关爱和体贴，极易产生消极的情绪体验和反应，从而对世界产生冷漠的看法。

2. 主观因素

大学生情绪问题受到外在环境刺激的影响固然深刻，但自身因素才是大学生情绪变化的决定性因素。

（1）不能正确地评价自我

大学生需要重新认识自我，找准定位，寻找新的起点。如果大学生沉溺于过去的辉煌历史，不能正视现实，面对挫折容易产生自卑情绪。过高的自我估计和自满情绪容易让人骄傲自大，一旦遇到挫折就会一蹶不振、自暴自弃。因此，大学生需要正确看待自己，制定合理的目标，努力追求进步。

（2）依赖性与自主性的矛盾

大学生在大学阶段面临着更为开放和自由的环境，他们的独立意识逐渐增强，渴望自主并拥有个人主张。他们希望在各个领域取得成功，他们关心时事政治，积极参与校内外各种活动，以展示自己的能力。然而，由于他们的心理成熟度与生理成熟度存在差距，认识能力与行动能力不相匹配，他们尚不能完全独立，难以摆脱长期形成的依赖心理。面对复杂的环境，他们常常感到困惑和无助。另外，一些大学生是独生子女，尽管他们有着强烈的独立意识，但是缺乏实际的独立生活经验和社会阅历。因此，大学生活的种种事务都需要他们亲自处理，这对于缺乏生活经验的大学生来说，无疑是一个巨大的挑战。这种依赖性和自主性的矛盾使得部分学生对于大学生活感到不适，甚至长期处于悲伤和抑郁的状态。

（3）期望值偏高与现实状况的反差

大学生通常对自己充满信心，对未来充满美好的期待，表现出强烈的追求成就的动机，他们往往对自己的前途有着高度的期望值。然而，当面对现实与理想之间的落差时，如果经过一段时间的努力仍无法实现自己的愿望，他们可能会感到理想破灭。在这种情况下，一旦遇到困难和挫折，他们很容易变得消沉，情绪低落，甚至产生逆反情绪。

（4）人际交往的受挫

许多大学生对人际关系抱有强烈的理想主义观念，他们渴望深厚的友谊，对人际交往的期望过高。然而，当期望值无法达到时，他们就可能对人际交往产生消极态度，表现出冷漠。当他们面临心理困扰，却找不到人倾诉和排解，无法及时得到帮助和治疗时，可能会引发精神疾病。

另外，大学生中普遍存在封闭心理的现象，他们担忧自己在社交场合的表现，害怕自己缺乏谈资，担心自己的风度和气质不够吸引人，以至于无法得到他人的重视和接纳。有些大学生非常渴望能够与他人正常交往，但由于天生的内向性格、过度的腼腆，以及一些思想上的顾虑，他们往往游离于校园交际圈之外。一旦在心理上与大众脱节，他们就会不可避免地陷入紧张和焦虑的情绪之中。

（5）重要丧失

大学生在校园生活中面临的各种丧失会对他们的情绪产生重大影响。其中，涉及大学生活的一些重要丧失，如学术成绩不理想、考研未能如愿等，这些都会直接影响到他们的心情。另外，与自我发展相关的荣誉丧失，如未能入党、评优失败等，也会对他们的情绪产生影响。不仅如此，情感方面的丧失，如失恋、与好友闹翻等，以及家人去世、家庭遭遇重大变故等重大损失，都会对大学生的情绪产生影响。如果不及时进行适当的调整，这些负面生活事件可能会导致不良情绪的持续累积。因此，大学生需要学会应对这些挑战，以避免情绪问题的出现。

（二）大学生常见情绪问题的影响分析

1. 情绪问题对大学生健康的影响

根据现代科学研究，情绪对人类身心健康具有重要影响。如果能够保持愉快的心情，以积极向上的态度面对生活，人体的免疫系统将会保持活跃，从而减少患病的机会，有益于身体健康。此外，良好的情绪不仅能使大学生对生活充满信心，对自己充满信心，而且能够提高他们的学习欲望、思维敏捷度、创造力和爱好范围，同时促进他们建立良好的人际关系，促进他们的全面发展和成长。

消极情绪对人的健康非常有害。长期的消极情绪，如压抑、紧张、焦虑和恐惧等会降低人的免疫力，使人容易患上各种传染性疾病，甚至可能损害内脏功能。

此外，突然而强烈的紧张情绪冲击可能会抑制大脑皮层的活动，打破大脑皮层的兴奋和抑制之间的平衡，导致人的意识范围狭窄、判断力减弱，甚至失去理智和自制力。在大学生中，常见的与消极情绪有关的疾病包括消化性溃疡、紧张性头痛和偏头痛、心律失常、月经失调、神经性皮炎等。因此，我们应该积极应对消极情绪，保持身心健康。

2. 情绪问题对大学生学习的影响

情绪不仅与大学生的身心健康密切相关，还对大学生的潜能开发和工作效率具有重要影响。良好的情绪能激发大学生的积极行动，增强其学习兴趣、工作和活动参与度，同时有助于其开阔思维、集中注意力和发挥创造力。在精神愉快、心情舒畅及轻松的状态下，大学生能够达到最佳的思维和创造状态。

在研究情绪与学习成绩的关系时，心理学家通常将焦虑程度与学习成绩作为自变量和因变量。他们采用自我评定法和生理反应法来探查焦虑程度与学习成绩之间的函数关系。结果表明，焦虑程度与学习成绩之间的关系呈倒 U 形。大学生需要保持适度的焦虑才能达到最佳学习效果，而过度焦虑或缺乏焦虑都可能导致学习成绩不佳，难以取得优异成绩。

3. 情绪问题对大学生人际关系的影响

人际交往中，乐观、热情、自尊、自信等积极情绪特征对于缩短心理距离、增进情感交流具有重要作用。与此相反，自卑、情绪压抑、爱发怒等不良情绪特征则容易导致人际关系的困扰，难以建立良好的沟通，甚至会导致人与人之间的疏离。

由于情绪具有传染性，那些拥有良好情绪、情绪稳定、能够适度表达情绪、正面情绪多于负面情绪的人在人群中更受欢迎，更容易获得别人的赞赏。那些情绪不稳定、难以预测的人，则会让人感到不安，难以建立良好的人际关系。例如，某位大学生形容宿舍里一位同学的情绪就像六月的天气一样，喜怒无常，难以预测。与他相处时，需要小心翼翼，时刻关注他的情绪变化。因此，这位大学生选择逃避，尽量减少与这位同学交往。

此外，大学生在人际交往过程中，重视提升自身素质，学会合理控制与适度调整情绪，成为情绪的主人，才能建立良好的人际关系。

4. 情绪问题对大学生行为目标的影响

新西兰著名心理学家戴维·埃普斯顿（David Epston）在 1979 年发表的文章《人类情绪的生态学研究》中，介绍了他对大学生的自我观念、情绪与行为变化之间关系的研究成果。研究结果显示,当大学生体验到积极的情绪,如快乐、亲密、安全、平静时,他们的行为目标往往表现出积极、活跃的特点,对新经验的接纳和开放程度、对周围人的尊重和理解,以及对价值和长远目标的献身精神等都有明显的提升;当大学生感受到痛苦、愤怒、紧张或受威胁等消极情绪时,一部分人的社会兴趣会下降,反社会行为会增加,对新的经验会持谨慎甚至排斥的态度,而另一部分人则不会向消极方面转化,而是从教训中汲取经验,准备再次尝试。

上述文章中的研究显示,积极的情感体验总是与积极的行为变化相一致。因此,我们应当在大学生活中尽可能多地缔造这种关系。此外,消极情绪可以被积极引导,转化为积极的力量。

第三节 大学生积极情绪的培养

一、大学生积极情绪培养的方法

(一)学会驾驭自己的情绪

大学生可以通过对情绪的自我调控,克服不良的情绪,培养健康的情绪,保持良好的情绪状态。情绪的发生及表现与人的认知直接相关。一个人对周围的事物或自己的行为、思想做出什么样的评价,可能导致相应的情绪反应。

学会情绪的自我调控还应该善于克制和宣泄情绪。在日常生活中,每个人都难免遇到不良刺激而出现情绪反应,这就需要大学生对一些不良情绪加以克制,要善于制怒和适当忍让、回避,以避免不良情绪爆发。尤其是当有不良情绪时,大学生要用理智告诫和提醒自己,或者接受他人劝解,转移注意力。当然,克制情绪并不是无限度地压抑自己的情绪反应,而是需要进行有效的情绪宣泄和释放,疏导负面情绪。例如,当愤怒时,大学生可以进行体育锻炼,或作诗、作画、练习书法;当悲伤时,可以找知心朋友倾诉,或大哭一场,释放负面能量,必要时还可寻求心理咨询的帮助。

大学生在提高自己修养的同时,还应注意培养幽默感。幽默是乐观心态的体现,它有助于个人快速适应新环境。幽默可以使尴尬、难堪的局面在欢声笑语中化解,使紧张的情绪得到舒缓,让痛苦、烦恼和忧愁烟消云散。幽默感与人的生活态度密切相关,大学生应树立乐观的生活态度,用微笑迎接世界;幽默感还与人格的成熟水平有关，当代大学生人格正处于发展、完善、成熟的过程之中，可通过健全自己的人格来培养幽默感。

要学会自我调控情绪，首先要加强自身修养。只有具备高级素养的人，才能深入理解情绪控制和调节的内涵，从而有效掌控自身情绪。其次，要塑造自己宽广的心胸和豪迈的气度。直面现实，接纳现实，正确地认识自己，多与朋友交流，对周围的人抱有更多的理解和宽容。此外，还可以借助音乐来调节自身情绪，如聆听一些旋律优美、意境深远、充满活力的音乐，以消除烦恼，保持心情愉悦。

（二）建立积极的自我意识

从情绪经历来看，情绪表现和体验常常与人对自己的看法相一致。很多人常常这样评价自己——"别人说我热情乐观""我生来就是个乐观主义者""我这个人经常容易生气愤怒""我经常担心恐惧"等。因此，想要调节、控制自己的情绪，提高自己的修养，必须建立积极的自我意识。

1. 把注意力集中于成功的经历

把注意力集中于成功的经历是建立积极的自我意识的关键方法。专注于成功的经历，并从中领悟道理。建立积极的自我意识的重要途径是养成记住成功而不困于失败的习惯。积极的自我意识意味着对自己持有积极的评价，而这种评价来源于成功的经历。要将自己的情绪活动引入良性循环的轨道，过去的情绪活动有多少失意和失误并不重要，重要的是吸收并强化那些成功和积极的情绪经验。

2. 从想象和装扮入手

著名英国喜剧演员帕特里克·斯图尔特（Patrick Stewart）年轻时有羞怯的心理问题，与人谈话支支吾吾，极为胆怯，甚至不敢向行人问路。为此，斯图尔特吃尽了苦头。后来他终于找到了解决方法：同陌生人谈话时，自己就装扮成另一个人，用与这个人物身份一致的语调说话。这使他受益匪浅，难为情、拘谨、羞怯的问题都不再出现。而且，朋友很快注意到，他模仿别人模仿得特别像，并制造出令人愉悦的滑稽效果。从此，斯图尔特开始登上舞台，走上成功之路。

斯图尔特的实践验证了心理学中的一个重要原理，即扮演某个角色可以帮助人们体验他们所期望体验的情绪。当一个人扮演自己希望成为的角色时，他们会无意中用相应的标准来要求自己,并按照相应的行为方式做事。显然,这种活动一开始时确实很困难,不过只要坚持下去,就会逐渐心领神会并习以为常。

自我意象是人们对自己所形成的心理图像,它描绘了我们是何种人。尽管这一图像在我们的意识中可能模糊,但它对人们的心理调节作用是显而易见的。认为自己是什么样的人,人们就会以那样的方式行动;对自己有何评价,就会寻找各种事实来证实这一评价。人们的行为、感受和想法常常与自我意象相一致。

(三)自我放松训练

无论是哪种克服负面情绪的方法,最终都是为了使身心放松,使生理和心理活动趋于平衡。

自我放松训练有深度呼吸训练、静坐与冥想、自我暗示、肌肉放松训练等多种方法,下面介绍几种自我放松训练的实施方法。

1. 深度呼吸训练

这种训练方法简便易行,不受场所、时间等条件的限制,行、坐、站、卧都可以进行,其目的是通过深呼吸,使身体各组织器官与呼吸节律发生共振,进而达到放松的效果。

2. 静坐与冥想

有时,我们可能觉得自己的思维很混乱,一会儿想到家里,一会儿想到吃饭,一会儿又想到刚才发生的事件。每个念头之间似乎没有什么联系,从一个想法一下子跳到了另一个毫无联系的想法,心情也因此很烦躁,不能专心地做自己想做的事情。这是大脑在提醒我们,该休息一下了。此时应先静坐下来,闭上眼睛反思一下自己正在想什么,要注意出现在脑海中的每一个想法。当一个想法出现时,暂不去理会它,然后我们就会发现这些想法会一闪而过,头脑会变得很空、很静。这样冥想十分钟左右,再慢慢睁开眼睛,就会发现思路变得清晰了,思维变得敏捷了。

3. 自我暗示

自我暗示不仅可以用来缓解局部紧张,还可以调节全身各部位的紧张状态。这种方法不仅对缓解紧张有效,对其他情绪问题也有同样的效果,并且对生理疾病有一定的治疗作用。采用自我暗示方法要注意以下几个方面。

①语言要简洁,不多于5个字。

②暗示的语言要积极、肯定,千万不要采用消极、否定的暗示语言。

③暗示时，运用意识要温和，不要带有强制性。

④在发出暗示之后，尽量不要再次思考这些暗示话语，而是过一段时间之后再次进行自我暗示。

⑤在进行暗示的过程中，反复提及暗示语 3～5 次最为有效，这有助于更加深刻地记住这些信息。

⑥在一段时间内，保持语言的一致性是非常重要的。如果我们使用多种不同的暗示语或特殊的暗示语，可能会导致混淆和交流障碍。因此，最好只使用一种暗示语或某一特定的暗示语。这样可以确保所有人都能理解相同的意思，并避免产生误解。

下面具体介绍一下暗示的自我调节方法。

首先，找出自己感到紧张或不适的部位，并确定与之相关的症状。其次，针对这些症状，传达积极、正面的信息，如"放松""平静"等，每次重复 3～5 次。如果在一段时间内仍然感到紧张或不适，请再次重复上述步骤。

4. 肌肉放松训练

肌肉放松训练是一种方法，通过逐个放松身体的各个部位，并结合自我暗示，达到缓解紧张、调整精神状态的目的。

（四）压抑遗忘法

压抑遗忘法是指对一些既无法升华又不能转移的不良情绪，用意志的力量将它们移出自己的记忆加以遗忘，来保持心理的平衡。例如，由于误会遭到他人无端的猜疑、打骂或侮辱，既不能报复，又无法补偿；因为过错受到心仪的异性同学的耻笑，既不便解释，又无法转移。这些人为因素造成的挫折会使人的情绪更加愤怒、沮丧。若总是郁积于心，挥之不去，这种情绪会不断蔓延，日益加重。在这种情况下，压抑遗忘法就不失为一种缓解情绪的有效方法了。

挫折被暂时遗忘，心理便暂时达到了平衡；挫折被永远遗忘，因这种挫折而产生的不愉快的情绪体验便会消失。在遭遇重大挫折时，人们往往力图变换环境，离开或改变产生挫折的情境，有的人选择遗忘所受的挫折，或者随着时间的推移，所受挫折产生的情绪逐渐减弱直至消失。不过，压抑不是消失，受挫后的痛苦体验只是在一时的管辖下暂时潜伏着，或者说，由意识的境界转入潜意识的境界，只是在意识之下，而不是在意识之外。一旦再次遭遇挫折，就可能重新唤起力图遗忘的记忆。

从心理健康的角度分析，压抑是必要的，一定的压抑可以免受各种挫折和痛苦，维持心理平衡。但压抑也有一个限度，压抑过久或过度，又会引起各种心理疾病。因此，对于无法压抑的情绪要以符合社会行为规范的适当方式宣泄出来，如无端受辱可以去法庭起诉，使犯罪者受到法律的制裁等，以此达到心理平衡。

（五）为不良情绪找出口

1. 提供一个正常的宣泄通道

对不良情绪要进行宣泄。不要无限度地压抑自己的情绪反应，要疏导负面情绪。愤怒时，可以进行体育锻炼或练习书法；悲伤时，可以找知心朋友倾诉或大哭一场，释放负面能量等。高声歌唱、打枕头、捶沙发都是情绪宣泄的通道。

2. 用诉说代替抱怨

大学生应向那些愿意倾听并真诚帮助自己的人敞开心扉，释放内心的压抑、担忧和焦虑，说出来后往往心情就好了一大半。只有吐露那些困扰自己的东西，感觉才会踏实。诉说，并不是一味地抱怨自己所受的伤害，诉说不需要责备，指明问题即可。这是一种情愿花费时间和精力，并为改变目前的状态所做出的努力。

大学生可以打电话给亲人或朋友。"找个时间，你陪我聊一下这件事吧。"这是一种诉说。"我烦透某某了，他……"这是一种批评。批评和抱怨无益于解决问题，而且朋友可能会因此而远离你。

3. 用行动带动情绪

实实在在地做些事情，可以让人从自己或他人那里获得正面的反馈，改变心情不佳的状态。

当心情不好时，可常对自己说："我觉得情绪好差，没办法做任何事情，等我心情好一点，我再开始工作。"

行为可以改变感受，一些忧郁者有着非常低的活动力，而且他们比非忧郁者更少从事令人愉悦的活动。那么，情绪低落时真的会比情绪高昂时更令人难以采取行动吗？假如必须坚持等到心情转好才开始做事，那么将浪费很多时间。当忧郁者懂得将更多令人开心的活动带入自己的生活时，他们的心情会变得更好。

4. 反向心理调节

当人陷入困境时，情绪低落是常有的反应。为了从这种不良情绪中解脱出来，一种有效的方法就是反向心理调节。这种心理调节法是通过转变思考问题的方式，即从相反的方向思考问题，来帮助人们克服沮丧并从不良情绪中解脱。

在人生旅途中，我们总会遭遇挫折、困难和痛苦，无法躲藏。无论我们如何尝试逃避或改变这种情况，叹息、焦急和忧虑都无法解决问题。相反，我们应该采用心理调节策略，尝试从相反的角度思考问题，使我们的情绪从消极变为积极，从而化解烦恼。这是一种更有效的应对生活中挑战的方式。

俄罗斯学者安东·巴甫洛维奇·契诃夫（Anton Pavlovich Chekhov）曾这样说："要是火柴在你口袋里燃烧起来，你应该高兴，应该感谢上苍，多亏你的口袋不是火药库。要是你的手指扎了一根刺，那你应该高兴，挺好，多亏这根刺不是扎在眼睛里。以此类推……照我的劝告去做吧，你的生活就会欢乐无穷。"[1] 在遭遇困难、挫折、逆境和厄运时，运用反向心理调节技巧可以帮助我们从困境中解脱，迈向更加通达的境地，并迎来充满灿烂阳光的日子。这种方式不仅可以让我们克服困难，还能让我们在逆境中成长，增强自己的心理素质。

5. 转移注意力

转移注意力是从主观上努力将注意力从一个消极或不良的情绪状态转向其他事物的过程。由于与自身利益密切相关，人们很难快速忘记那些对情绪产生强烈影响的事情。因此，单靠消极的躲避于事无补，更有效的办法就是进行积极的注意力转移。

在出现情绪反应时，大脑中心有一个较强的兴奋灶，此时如果另外建立一个或几个新的兴奋灶，便可抵消或冲淡原来的中心优势。当情绪不好时，可通过转移注意力来平静自己的情绪，如外出散步、听音乐、跳舞、打球、找朋友聊天、读一本轻松的书、看一场电影等。总之，不要让自己处于精神空虚的状态，要使自己的情感有所寄托。这样，不愉快的事情所引起的不良情绪体验就会在不知不觉中烟消云散。

（六）以日记形式记录愉快的生活事件

每天晚上回顾当天经历的愉快事件并记录下来，是一种高效提升积极情绪的方式。通过仔细记录每天的愉快事件，人们可以更加敏锐地感受到愉悦情绪，并形成积极的信息偏好，从而消除一些不必要的担忧。

陕西师范大学心理学院王振宏教授曾进行了积极情绪的干预研究，研究对象是 105 名大学生。在这项实验中，研究者要求大学生在 5 周的时间里，每天晚上花 30～45 分钟的时间认真记录当天所体验到的积极情绪和相关的生活事件，同时深入感受这一过程。实验结果表明，经过 5 周的干预后，被试者的幸福感和积极应对水平明显提高。

---

[1] 王坚，谢康. 大学生心理健康教育[M]. 苏州：苏州大学出版社，2022.

华东师范大学心理与认知科学学院教授王艳梅的积极情绪干预研究结果显示，实验组的被试者以日记形式记录愉快生活事件和情绪一个月之后，其积极情绪和幸福感均高于没有记录愉快日记的控制组。

作为一种广受欢迎的策略，记录愉快的生活事件对于培养学生的积极情绪有着显著的效果。教育工作者可以鼓励学生在早年养成记录愉快日记的习惯，这有助于他们更深入地了解生活中的美好，增强积极情感体验，并塑造乐观的人生观。

（七）品味日常生活小事中的快乐

现代社会的快节奏生活使得人们不断追求更多、更快的目标。人们为了实现未来的计划而争分夺秒地忙碌，却忽略了享受当下的快乐。许多人的日常行为都是无意识地机械重复，很少有人能从中感受到快乐。

积极心理学家马丁·塞利格曼（Martin Seligman）提出的培养当下积极情绪的方法值得学习。学习欣赏日常生活中的小美好，有意关注快乐的体验，并放大自己感受到的积极情绪。

要做到这一点，有五个具体的做法：第一，与他人分享那些令自己心生感激的时刻，让他们了解自己对那一刻的珍视；第二，建立快乐的记忆，努力将愉快的场景刻画在心或者购买纪念品；第三，不要忘记自我庆祝，如在完成一场出色的表演后，告诉自己给别人留下了何等深刻的印象，以及为这一刻的到来自己期盼了多久；第四，使自己的感知更敏锐，学会选择注意、专注于某些元素并忽略其他元素，如可以尝试闭上眼睛去听音乐，全身心投入其中；第五，全神贯注，完全沉浸在一件事中，忘记其他应做的事情，只想如何更好地完成当前的任务。如果我们以这种细致的方式去品味日常生活中的每一个平凡时刻，积极情绪就会无处不在。那些能够欣赏日常小事情中快乐的人更容易体验到积极情绪。毕竟，令人惊喜的大事并不是每天都会发生的，我们的一生主要由日常生活中的小事构成。如果这些小事能够成为我们快乐的源泉，那么我们就有可能时刻享受愉悦的心情。

二、大学生积极情绪培养的意义

塞利格曼呼吁研究积极心理学，鼓励人们以积极的心态对待生活中的心理问题，通过新的解读方式激发个体潜在的积极心理品质和力量，走向幸福的彼岸。积极情绪是积极心理学主要关注的领域之一，它是指个体在满足某种需求时所体验到的愉悦情感。这种情绪体验能够增强个体的积极性和认知能力，促进思维发展。

（一）有助于拓展认知范围，开发个人资源

作为大学生，学习是其首要的任务和应关注的焦点，而学习效率的高低在很大程度上取决于对记忆能力、注意力范围及思维活动等个体认知资源调动得好坏。根据弗雷德里克森的积极情绪扩展和建设理论，消极情绪会缩小个体的瞬间思维过程，限制其认知范围。相反，处于积极情绪状态的个体则表现出更高的创造力，更有效率地解决问题，并且更容易发现事件的积极意义。

大学生充满活力，个性鲜明，渴望建立深厚的友谊和爱情关系。然而，由于他们在人际交往中的单纯性、开放性和追求完美性，往往无法正确地认识和评估自己与他人在社会中的角色定位，这可能导致出现人际交往恐惧症、交往不适症等人际心理障碍。根据弗雷德里克森的理论，积极情绪能够拓宽个体的资源宝库，包括身体健康和体能、智力资源（如知识、心理理论、思维敏捷性）、社交资源（如友谊和社会网络）及心理资源（如心理恢复力、乐观心态、创造性）。因此，积极乐观的情绪体验对于大学生而言具有重大意义，能够帮助他们处理人际关系、促进人际交往、扩大人际网络和提高应对挑战的水平，从而使他们更好地适应社会环境。

（二）有助于促进大学生身心健康发展

积极心理学着重从积极角度研究心理健康问题，并将主观幸福感作为衡量心理健康状况的关键指标。研究表明，主观幸福感强的人具有较高的免疫能力，因此更容易长寿。此外，关于笑和幽默的研究进一步表明，笑可以增强人的积极情绪，同时也能增强免疫系统的功能。更重要的是，这种对免疫系统功能的改善是通过积极情绪的主观体验来实现的。

研究表明，大学生主观幸福感的主要影响因素来自学习和人际关系问题。解决这些问题有望提高大学生的主观幸福感，使他们更加充满活力，生活更加幸福。积极的情绪体验对改善大学生的身心健康状况具有重要作用。

第四节　大学生积极情绪心理素质拓展训练

一、心理影片赏析：《愤怒管理》

看似正常的商人戴夫，有着温文尔雅的外表和美丽的女友琳达。然而，一次旅行却让他失去了控制，被认为无法自我调节情绪，因此他被送去接受"情绪管理"训练。

在绝境中，被逼得无处可逃的戴夫，只能承受医生巴迪的刺激性疗法。巴迪不断地用恶言恶语攻击他的女友，持续利用戴夫过去的心灵伤痕来刺激他。戴夫感到他的忍受极限即将到达，他在两个选择中摇摆不定：是退缩并封闭自己的内心，还是勇敢地面对真实的自我。

医生巴迪与患者戴夫的磨合调整到底是成绩斐然还是一无所获呢？

二、心理游戏：情绪调节游戏

游戏名称："气"象万千。

游戏目标如下。

①通过气球游戏，我们可以让学生感受到压力的存在和必要性。当气球没有充气时，它处于松弛状态，但当我们给它充气时，它会逐渐变得膨胀和饱满。这就像我们在生活中面对的各种压力，通过这个简单的游戏，学生可以更好地理解压力的积极作用和危险性。

②通过气球游戏或"人体气球"游戏这一媒介，我们可以将无形的压力转化为有形的展现，帮助学生更清晰地理解"压力"的概念。这种转化的方式有助于打破学生对压力的抽象认知，使他们能够更直观地理解和应对压力。

③创设富有趣味的游戏场景，以激发学生的主动性，并享受学习的乐趣。

游戏场地：搬走桌椅的空教室或室外的开阔场地。

活动形式一：踩气球。

①为每位学生准备两个气球，请他们用气泵将气球充满气体，然后打上结，最后系上橡皮筋。

②将学生引领至空教室或室外的开阔场地。

③教师说明游戏规则：一是划定活动的范围，越界者被淘汰。二是要求将气球分别系在两脚的脚踝处，且高度不可过高，违规者将被淘汰。三是禁止用手推人，违反规定者将被淘汰。四是哨声响起，参与者可以相互攻击并踩破对方的气球。被踩破气球的人仍然可以继续攻击其他人的气球，直到教师吹响哨子为止。

④根据学生脚上气球破裂的数量，教师决定游戏持续的时间（5～10分钟）。

⑤清点脚上还有气球的人数，为那些脚上仍然带着气球的人喝彩，用热烈的掌声鼓励他们的毅力与坚持。

⑥采取行动清理地面上破掉的气球，以消除潜在的滑倒危险和其他危险。

⑦心情分享。邀请学生毫无保留地分享他们玩踩气球游戏的体验和感受：别

人要来踩气球时的心情和反应如何？为什么会这样？在不违反规则之下，如何保护自己的气球不被踩破？

活动形式二："人体气球"。

①全班学生手挽手围成一个首尾相接的圆圈，彼此的肩膀紧挨着。

②教师说明游戏规则：一是全班只用一个气球。二是教师用哨子发出高亢的声音，表示气球正在充气。当哨声变得微弱时，则表明气球正在漏气。三是学生需要按照哨声指示将圆圈扩大，就像给气球充气一样，或者缩小圆圈，就像放气一样。四是除非情况绝对必要，否则不能松手，随意松手者将失去游戏资格。

③在游戏的起始，教师将圆圈充满气，使其成为一个小气球，然后逐渐让其漏气。当漏气达到一定程度后，教师继续为圆圈充气，直到学生的手因无法承受彼此的拉力而脱开，这表示气球已经爆裂。教师在游戏过程中，一边给气球充气，一边引导学生联想自己在承受压力时的状态是否犹如气球被充气一般。

④教师可以自行决定是否进行调整，或者让学生多玩几次。

⑤心情分享。邀请学生分享对于"人体气球"游戏的感受：一直被充气的气球会有什么状况？如何避免一个过量充气的气球爆炸？请举一下手，如果觉得生活给你带来了压力，可以分享一下你的压力来源吗？你是如何应对和减轻这些压力的？

三、心理训练：积极情绪的养成

控制和调节情绪，是大学生对自身情绪和他人情绪的认识、协调、引导、互动和控制，是对情商的深入挖掘和有意识的培养，能够提升我们掌控情绪的能力，并帮助我们建立和保持良好的情绪状态。这是一种现代的情绪管理方法。

（一）提高情绪觉察力

感觉是引导我们走过人生无数抉择的重要力量。想管理好情绪，先要认识自身情绪的感觉。那些无法认识自身真实感受的人，就会成为感觉的奴仆；相反，想要成为生活的主人就要能够掌握感觉，做出明智的抉择。

在体验到一种情绪时，能够迅速并准确地识别出这种情绪，这就是自我觉察力的体现，也被称为"自知之明"。它是情商的主要构成部分之一。有了自我觉察能力后就能正确认识自身，并对自己的能力做出恰当的估计。只有那些能够及时感知并把握自己情绪的人，才有可能掌控自己的生活。

【做一做】

三分钟呼吸空间练习

在正规的练习中,要求在固定的时间段每天做3次,并在正规的方式下进行。然而,这种方法一旦被熟练掌握,它可以不受任何时间和地点的约束进行,既可以是一两次呼吸的时间,也可以是5～10分钟的时间,只取决于条件的允许。

注意:呼吸空间练习并不是为了立即消除所有的负面情绪,但是它可以帮助我们建立一种思维方式,从而更有效、更清晰地与负面情绪相处。这种练习的效果不是立竿见影的,所有不希望发生的事情不会在这种练习后就立刻消除,但是我们可以借助该练习做出更自主和科学的反应。

第一步:进入觉察。

采取一种笔直而庄重的练习姿势,坐姿和站姿都可以选择。如果可能,请闭上双眼。接着,将注意力集中在内在感受上,自问:我现在的感受是什么?

①脑海中闪过什么想法?尽可能把这些想法视为精神事件,用语言把它们描绘出来。

②当下的心情是好还是坏?请注意任何不愉快或不舒服的情绪,并接受它们的存在。

③现在的身体感受是什么?例如,能够察觉到全身的情况,寻找任何紧绷的部位。

第二步:集中。

注意呼吸的生理感觉,让你的注意力集中在这上面。

尝试直观地感受吸气时腹部扩张的感受,以及呼气时腹部下陷的感受。细心体会腹壁随着呼吸而产生的变化,让意识与身体的节奏融为一体。随着呼吸的起伏,将注意力集中于当下的感受,感受每一次吸气和呼气。

第三步:扩展。

除了关注呼吸,还要注意全身的感觉、姿势和面部表情,以此来扩大你的觉察范围。

如果你感觉到任何不适、紧张或抗拒的情绪,请通过深呼吸的每一次吸气和呼气将它们化解。如果你愿意,也可以在呼气时对自己悄声说:"没关系,不管它是什么,既来之,则安之。"

接下来一整天,尽量将这种觉察扩展到每一个瞬间中去。

（二）培养情绪调控力

情绪是生活中不可或缺的元素，无论是好情绪还是坏情绪，都是我们个性的重要组成部分。重要的是我们应该学会保持情绪的平衡，也就是调节自己的情绪，也可以称为驾驭心情。当人们处于激动情绪状态时，常常难以自我控制，然而，人们可以找到有效的方法来控制这种情绪的持续时间。

【做一做】

情绪调节妙招收集会

①每位学生准备一张纸，然后将自己调节情绪的策略写入如表 4-1 所示的表格中，并在每一种策略的旁边用一幅漫画或一首小诗来描述。

表 4-1　调节情绪的策略

编号	情绪调节小妙招	备注（漫画或小诗）	喜欢就画星星（★）
1			
2			
3			

②在教室内部寻找一个合适的位置，以展示所有学生的作品。

③在欣赏作品的过程中，若觉得某个作品对自己的情绪管理具有启发效果，可在该作品上标记一颗星星。

④一起讨论哪些作品获得了最多的星星，并且分享我们对它的看法。

（三）把握情绪影响力

情绪的感染无处不在。情绪是可传染的，在人际交往中情绪会相互影响，主要是情绪对别人的影响和受别人的影响。情绪影响力的培养可以增强自己的人际魅力。我们在每一次人际接触中都会不断传递情感的信息，并以此影响对方。

【做一做】

心理暗示真奇妙！

①举起双手，将手腕处第一道线对齐，然后将双手合上，观察双手是否一样大小？

②如双手一样大小，请举起其中一只手，然后在心中念"手长长、长长、长长"30秒。

③最后，将双手按照第一步中的方法合拢，观察一下，刚刚暗示它"长长"的手，有没有发生变化？

为什么会产生如此神奇的效果？这是因为当我们全心投入生动的想象中时，大脑的潜意识无法区分现实与想象。于是，大脑会按照想象时建立的记忆路径，自动发出行动指令，引导我们进入强烈设想的情境。

暗示是一种通过含蓄、间接的方式对他人心理和行为产生影响的过程，能使他人按照一定的方式行动或接受一定的意见，使其思想、行为与自己的意愿相符合。暗示可以划分为多种类型，包括他人暗示、自我暗示、行为暗示、环境暗示和言语暗示等。其中，自我暗示对人的心理作用很大，积极的自我暗示能够不断激励人们实现目标，保持积极向上、奋斗不息的精神状态，展现出朝气蓬勃的生命活力。

第五章　大学生积极人际关系与心理素质训练

每个人都具有与他人交往的潜能，与人交往是每个人发自内心的需要。这种发生在两个个体之间的交流，即人际关系。人际关系通过言语和非言语的形式进行，最终要达到感同身受的理解。本章围绕人际关系概述、大学生群体中常见的人际沟通问题、积极人际关系的获取和大学生积极人际关系心理素质拓展训练展开研究。

第一节　人际关系概述

一、人际关系的内涵

（一）关系及人际关系的定义

1. 关系的定义

关系可分为正式关系和非正式关系，非正式关系较正式关系更为古老和普遍。现代管理理论的奠基人切斯特·巴纳德（Chester Barnard）指出，即使在正式的组织中，个体仍然是社会人[①]。从20世纪30年代开始，非正式关系在政治学、社会学、经济学和管理学等多个学科中逐渐受到重视。

何谓关系？按照《现代汉语词典》的解释，关系是指事物之间相互作用、相互影响的状态，人和人或人和事物之间的某种性质的联系。可见，关系是社会存在的一种结构状态，是多维联系主体人与人、人与物或者物与物之间的一种相互联系。离开任何一方，关系即不存在，任何一方发生变化，关系即发生变化。关系包括人与人之间的关系，也包括人与物、物与物之间的关系。人际关系属于关系的一个子范畴。

---

① 昀熙. 切斯特·巴纳德：现代管理理论之父［J］. 现代企业文化（上旬），2013（6）：52-53.

无论怎样定义，关系都离不开一个核心，这就是相互依存的状态，这是关系的本质属性。凡是有相互联系的双方，就存在关系。关系是一个客观存在的产物。我们还没有来到这个世界上，就与这个世界上的人或物构成了某种关系。我们都身处一个个错综复杂的关系网络。

2. 人际关系的定义

人际关系也被称为人际交往或人际沟通，是指个体之间通过语言、文字、肢体动作或表情等手段进行信息交流的过程。这种交流能够建立起直接的心理联系，使人们相互了解、互动和沟通。根据信息传递过程中是否存在反馈，人际沟通可以被划分为双向沟通和单向沟通。双向沟通是指具有反馈信息的人际沟通，如两个人之间的对话；单向沟通是指没有反馈信息的人际沟通，如电视播音员和观众之间的沟通。

人际关系通常依赖于以下因素：第一，交往双方需要对传递的信息达成一致理解；第二，在交往过程中需要及时反馈；第三，使用适当的传播渠道或网络；第四，具备一定的交往技能和愿望；第五，始终尊重对方。

（二）人际关系的要素

所有的人际沟通都包括发送者、接收者、信息、渠道、反馈、噪声和环境等要素。人们在不同情况下的人际沟通的构成要素也有所不同。

1. 发送和接收者

在人际沟通中，由于信息交流是双向的，发送者和接收者的身份可以发生转变。例如，甲和乙是进行人际沟通的双方，当甲向乙传递信息时，甲是信息的发送者，乙是信息的接收者；然而，当乙向甲反馈信息时，乙变成信息的发送者，甲变成信息的接收者。

在交流过程中，发送者发挥生成和传递信息的关键作用，他们是主动的行为者，开启沟通的流程。与此相对，接收者则通常扮演被动的角色，他们接收信息、观点，或者被要求改变自己的态度或行为。这种主动和被动之间的对比在信息交流中具有深远的影响。

2. 信息

发送者和接收者共享的想法和情感组成信息，但由于不同的人拥有不同的"符号—信息"系统，接收者可能会误解发送者的意图。在一种认知体系中，符号可以被定义为诸如图形、图像、文字组合、声音信号、建筑造型等表示某种意义的标识。它还可以是一种思想文化、一个时事人物或其他任何可以用来传达信息或意义的事物。

所有的沟通信息都是由语言符号和非语言符号组成的。其中，语言符号的功能是代表某一个特定事物或思想，如"椅子"代表一件物品；非语言符号，如面部表情、手势、姿势、语调和外表等，这些是我们不用词语就能进行沟通的方式。

3. 渠道

渠道也称作媒介，是信息经过的路线，是信息传递的手段。口头和书面是语言符号的两种形式，每一种形式都可以通过多种多样的载体进行传递。我们可以使用口头语言进行交流，如面谈、演讲、会议、电话、录音及可视电话等。此外，我们还可以通过书面形式，如信件、内部出版物、公告、文件和电子邮件等来进行信息传递。非语言符号则可通过人的眼神、表情、动作和空间距离等方式来进行人际沟通。

4. 反馈

反馈是接收者在收到并理解信息后将其返回给发送者的过程，这使得发送者可以核实接收者是否正确理解了信息。反馈在沟通中扮演着重要的角色，因为它可以让沟通的参与者了解他们是否按照计划的方式传递了思想和情感，能够让双方真正地把握沟通的有效性。反馈可以提高沟通的准确性，减少出现误差的可能性。因此，为了评估信息沟通的效果，反馈是不可或缺的。

5. 噪声

噪声是影响发送者准确解释信息和接收者准确理解信息的障碍。在发送者和接收者之间存在的噪声可以划分为外部噪声、内部噪声和语义噪声三种形式。

（1）外部噪声

外部噪声是指来自环境的影响，它阻碍了人们对信息的接收和理解。这些噪声可能包括各种声音干扰、视觉干扰、感知干扰等。例如，和亲密的朋友推心置腹地交流时，周围突然发出的高声呼叫。

（2）内部噪声

内部噪声指的是源自沟通主体自身的障碍因素。例如，注意力不集中、存在某些观念和偏见等。

（3）语义噪声

沟通中的语义噪声是指由信息符号系统的差异所引起的障碍。由于人的个体差异，他们的内在信息符号代码系统可能不同，这可能产生系统差异噪声，从而阻碍沟通。

6. 环境

环境是沟通发生的地方，能对沟通产生重大的影响。正式的环境适合于正式的沟通。例如，礼堂是演讲和表演的好地方，但对于交谈并不理想。人们经常根据沟通目的选择沟通地点，因为不同环境下的沟通效果是不一样的。例如，许多年轻人喜欢在大排档用餐，因为他们喜欢热闹，在那种嘈杂的环境中谈天说地，不用顾及很多；在高档酒楼里用餐并与他人进行沟通，虽然比较舒适，但要顾及餐桌礼仪，远不及在大排档自由。

（三）人际关系的特征

1. 社会性

人是社会的产物，社会性是人的本质属性，也是人际关系的基本特点。随着社会生产力的发展和科学技术的进步，人们的活动范围不断扩大，活动频率逐步增加，活动内容日趋丰富，人际关系的社会属性也不断增强。

2. 复杂性

人际关系的复杂性体现在两个方面：一方面，人际关系是由多方面因素共同促成的，而且这些因素还处于不断变化的过程中；另一方面，人际关系具有高度个性化和以心理活动为基础的特征。因此，在人际交往过程中，人们交往的准则和目的不同，交往可能会出现心理距离的拉近或疏远、情绪状态的积极或消极、交往过程的冲突或和谐、评价态度的满意或不满意等各种复杂情景。

3. 多重性

多重性是指人际关系具有多因素和多角色的特征。每个人在社会交往中都扮演着不同的角色：一个人可以在患者面前扮演护士角色，在同事面前扮演朋友角色，在丈夫面前扮演妻子角色，在孩子面前扮演母亲角色等。在扮演各种角色的同时，又会因物质利益或精神因素导致角色强化或减弱。诸多角色、诸多因素使人际关系具有了多重性的特征。

4. 多变性

人际关系与其他社会关系一样，形成后不会一成不变，它会随着年龄、环境、条件的变化而不断发展、变化。人际关系的多变性使得和谐人际关系的构建和维持更加困难。

5. 目的性

人际关系在建立和发展过程中具有不同程度的目的性。随着市场经济的推进，人际关系的目的性更为突出。人际关系的目的性导致人际关系变得更加复杂多变。

（四）人际关系的类型

对人际关系进行分类，有助于深化对人际关系的认识和理解，把握人际关系的实质，进一步分类处理好人际关系。根据不同的标准，人际关系可以分成不同的类型。

第一，根据人际关系形成的途径，可分为不可选择型人际关系和可选择型人际关系。前者主要是由血缘和其他不可选择因素形成的人际关系，包括父子关系、亲属关系。后者主要是由交际主体选择交际对象形成的关系，如夫妻关系、同学关系、朋友关系。

第二，根据人际关系连接的纽带，可分为如下类型：血缘关系，包括家庭关系、家族关系和氏族关系；地缘关系，包括邻里关系、老乡关系、社区关系、城乡关系；业缘关系，包括上下级关系、同学关系、同事关系、战友关系；趣缘关系，包括朋友关系、情爱关系。

第三，按照人际关系的心理倾向，美国心理学家 P. 雷维奇（P. Lewicki）把人际关系分为三种：①主从型人际关系。特点是一方处于支配地位，另一方处于从属地位。这是人际关系类型中最基本的一种，几乎所有的人际关系都蕴含主从型因素。②合作型人际关系。特点是双方有共同目标，为了达到这一目标，彼此能配合和容忍对方。③竞争型人际关系。特点是双方为实现各自目标常常竭尽全力，因而充满活力，且竞争时间长，又使人感到筋疲力尽。

第四，根据交往关系的范围，可分为个人之间的关系和个人与团体的关系，前者如朋友、同事关系，后者如个人与班级的关系。

第五，根据交往关系存续的时间，可分为长期关系和短期关系，前者如亲缘关系，后者如导游与游客的关系。

第六，根据人际交往需要的不同，美国心理学家 W. 舒茨（W. Schutz）把人际关系分为三种类型：包容需要引起的人际关系，控制需要引起的人际关系和情感需要引起的人际关系。

第七，根据交往双方的相互关系状况，美国社会心理学家卡伦·霍妮（Karen Horney）将人际关系分为：①顺从型，特点是顺从他人，讨人喜欢；②进取型，特点是考量他人是否对自己有用;③疏离型,特点是常思考别人是否干扰自己。

还有其他的人际关系类型,包括主从—竞争型、主从—合作型、竞争—合作型、主从—合作—竞争型及无规则型等。由于个人身份的多样性、角色的多重性,人们经常处于不同类型的人际关系之中。有时候是一个人与不同的人产生不同类型的人际关系,有时候是相同的交往双方在不同的时间采取不同类型的交往方式。

(五)人际关系的建立过程

人际关系一般具有四个阶段。

第一阶段:定向阶段。在此阶段,我们将注意力集中在对交往对象的筛选和初步的接触上。

第二阶段:情感探索阶段。在此阶段,交往的双方开始探寻彼此的共同点,并且随着交流的深入,他们发现越来越多的能够建立情感纽带的元素。因此,这种交往有可能会持续发展下去。

第三阶段:情感交流阶段。在这个阶段,交往的双方已经建立了基本的信任和感情,产生更加深入的交往广度和深度,双方能够真诚地为对方着想。感情也会随着双方的信息反馈逐步加深。

第四阶段:稳定交流阶段。达到此阶段时,交往双方的缺点能够被接纳,在心理上具有同一性,有了全面、深刻的互相了解,自己的私密空间允许对方进入,高水平的信任感和安全感会逐步在双方之间建立。

(六)人际交往的原则

人的行为都是在一定观念指导下进行的,人际关系是由生产关系及由此产生的经济关系、政治关系、思想关系和文化关系所决定的。因此,建立良好的人际关系不能脱离现实社会的基本原则和要求,它包括社会主义和共产主义的道德规范、民主与法治观念及政策观念等。

1. 平等原则

在与他人交往时,我们应该以平等的态度对待每一个人,不论他们的社会地位或财富状况如何,不因为家庭背景、社会地位或职权而有失公允。我们应该学会将心比心,从他人的角度思考问题,只有以平等的心态待人,才能得到他人的平等对待。

2. 诚信原则

要与他人建立信任:第一,我们必须保持诚信,确保言行一致,承诺的事情要切实做到；第二，我们要学会信任，不仅相信别人，而且要努力赢得别人的信任；第三，不要轻易承诺，避免无法兑现的承诺；第四，要诚实，当我们承诺某事时，一定要尽力履行承诺，如果无法做到，要坦诚说明原因，以获得他人的理解；第五，我们要有自信心，让他人感受到我们的信赖感和安全感。

3. 尊重原则

尊重涵盖了两个主要方面，即自我尊重和尊重他人。自我尊重意味着不要自暴自弃，在各种场合都要维护自己的尊严。尊重他人则意味着尊重他人的生活习惯、兴趣爱好、人格和价值。想要得到他人尊重的前提是要先尊重他人。

4. 宽容原则

在人际交往中，我们难免会遇到一些摩擦和矛盾。这时候，我们需要学会宽容对待他人，不要过于计较。正如俗话所说，退一步海阔天空。我们不应该主动与别人产生冲突，但如果别人先侵犯我们，在可接受的情况下，我们可以先以礼相待，再给予适当的回应。

5. 互利合作原则

互利指的是双方在满足彼此需求的同时，也能得到对方的回报。在人际交往中，我们需要注重双方的共同利益，深化感情，通过互相尊重和关心来建立长期稳定的关系。这是一个双向选择和互动的过程，只有双方都愿意付出，才能获得真正的回报。

6. 有建设性原则

有建设性实际上是对沟通目的的强调。沟通是为了促进双方的信息沟通，促使对方态度、观念的转变及采取相应的行动。因此，在交流中，不仅要关注所传递信息的清晰度、简洁性、准确性和完整性，还要留意对方的立场，以努力改变他们的态度。

二、人际关系的功能与影响因素

（一）人际关系的功能

1. 心理保健功能

人类天生就有寻求与他人交往并进一步发展亲密关系的需求，这种需求动机具有适应生存的生物学意义。心理学家约翰·鲍尔比（John Bowlby）及其同事通过对儿童的长期研究，提出了具有里程碑意义的依恋理论。鲍尔比指出，人类在婴儿出生时就有依恋的动机,无法独立生存的婴儿通过接近更强壮和(或)更有智慧的他人来寻求安全感,并获得生存所需的保护和支持。对其他人的亲密依恋像一个枢纽,人的一生都围绕它发展,不仅在他的婴儿期或蹒跚学步的幼儿期,而且贯穿于他的青少年期,还有成熟期,并伴随他步入老年期。大学生进入校园这个新环境后,必须转变对父母及过去的教师、同学、朋友的依恋,重建人际关系网络。在此过程中,应正确认识三个促成人们与他人交往的主要因素。

(1)进行社会比较

人们与他人交往的第一个因素与社会比较有关。心理学家斯坦利·沙赫特(Stanley Schachter)进行过关于情绪的实验,实验表明,减少个体的恐惧和焦虑的有效方法之一是与他人在一起。在这个实验中,研究者告诉受试者将要进行的是一项电击如何影响生理反应的实验。在"高焦虑"组里,受试者被告知电击很痛但不会对他们造成伤害;"低焦虑"组受试者则被告知电击就像打针一样不会太痛。实际上他们不会受到电击,实验者只是想让受试者相信自己不久将会受到电击。之后,实验者告诉受试者由于实验仪器还没有调试好,请他们等候10分钟,并且告诉受试者可以自己单独等候,也可以与其他受试者一起等候。结果显示,在高焦虑时,有60%的人选择与他人一起等候,而在低焦虑情况下,只有20%的人愿意与他人一起等候。心理学家认为,当人们对自己的感受或选择不那么确定时,需要通过社会比较来判断自己的感受、情绪、能力、自我概念等的正确性。

(2)渴望获得社会支持

人们需要与他人交往的第二个因素是渴望获得社会支持,包括精神上的支持和实质性的帮助。我们需要与人分享快乐和喜悦,也需要有人分担痛苦,给予安慰,在遇到困难的时候希望有人鼓励和支持我们继续坚持。除了精神上的支持,我们也经常从家人、朋友和教师那里寻求有用的指导和建议,有时还需要物质或行动的帮助。例如,我们在生病时需要别人照顾。

(3)消除寂寞

人们进行人际交往的第三个因素是消除寂寞。寂寞是指人们的社会关系缺乏某些重要成分时的一种主观上的不愉快感。例如,大学新生离开熟悉的家乡和亲人来到学校,在最初的一段时间里,由于人生地不熟,会觉得缺少关怀与支持,从而产生寂寞感。

与寂寞相关的是孤独。孤独也是缺少人际交往导致的,但孤独与寂寞是有区别的。孤独是一种与他人隔离的客观状态,孤独可以是愉快的或不愉快的,有的人出于客观因素（从事某些特殊职业，如守林员等）或主观因素（进行宗教活动、从事哲学研究等）经常是孤独的，但他们可能并不感到寂寞。因此，孤独与寂寞之间没有必然的联系。

2. 信息沟通功能

通过人际交往，人们分享和传递彼此掌握的信息。人际交往有助于信息的传递，能极大地促进人类社会的发展。人际关系中的信息沟通对于人类群体的生存具有决定性作用。在现代社会，一个人离群索居，缺乏与他人的交流是很难生存和发展的。尽管现代社会人们获取信息的渠道繁多，与以前的社会乃至文字发明以前的社会（仅靠面对面的交流交换信息）有着非常大的区别，但是人与人之间的信息沟通仍然很重要。

3. 自我完善功能

自我概念来源于社会交往。一个人自我意识的发展是在与别人的相互作用中发生的。人在某些方面往往难以客观地了解自己，很多时候我们需要借助他人的眼睛来看自己。在人际交往中发展自我意识，可以通过他人对自己的态度和评价认识、调整、改进自己，也可以通过社会比较来形成较为客观的自我评价，避免妄自尊大或过分自我贬低。当我们与更优秀的人交往互动时，往往能从其身上汲取力量，促进自我完善和自我提高。

（二）人际关系的影响因素

1. 个体因素的影响

（1）价值心理

价值心理是指个体对作用于自身的客观事物或对于其所参与的活动的价值，所进行心理评估的一种稳定的个性倾向性。对于个体而言，价值心理一旦形成，就对其态度和行为起着指导和调节作用。若自身行为违反了自己的价值心理，个体便会出现心理上的不平衡，产生负疚感和自责感。因此，正确的价值心理有利于人际关系的正常发展，而有问题的价值心理则会构成人际交往的障碍。

（2）性格

性格是指个体通过对现实持有的相对稳定的态度及与之相应的习惯化行为方式所展现出的心理特征，如表 5-1 所示。应当说，性格是个体在后天适应和改造社会的环境过程中逐步形成并发展的。关于性格对人际关系的影响等问题，一直受到人们的关注。

表 5-1　性格结构及主要特征[1]

性格结构	主要特征
性格的态度构成	谦虚或自负、自信或自满、自豪或自卑、自尊或羞怯、同情或冷漠
性格的意志构成	目的性或盲目性、独立性或依赖性、自制或放纵、勇敢或怯懦、果断或犹豫、坚韧或软弱
性格的情绪构成	乐观或悲观、热情或低沉、高涨或消沉
性格的理智构成	主动观察或被动观察、主动记忆或被动记忆、想象大胆或想象受阻抑、理想型或空想型等

在生活中，我们发现，性格内向的人难以与他人和谐相处，情趣不同的人在一起"话不投机半句多"，有着积极心态的人和有着消极心态的人对同一事物的看法可能完全不同。例如，关在同一牢房中的两名囚犯，他们晚上从同一扇窗户往外看，一个看到满天繁星，感叹世界真美；另一个却看到漆黑一片，认为自己的前途一片黑暗。

（3）仪表

仪表指人的外表，包括人的仪容、表情、姿态、服饰等具体构成因素。人际交往时个体仪表的作用不容忽视，它在很大程度上影响着人际交往的效果。在人际互动和交流的初始阶段，往往一个人的仪表最能吸引对方的注意，也就是人们常说的"第一印象"，这种印象的产生大多源自个人的仪表。显然，在人际交往中，良好的仪表不仅能美化自身形象，同时也体现出对他人的尊敬，这已成为人们的思维定式。有一项心理学实验表明，在多人初次相识之后，愿意保持继续往来的因素中，仪表所占的比例高达87%。不难看出，仪表虽是人的外表，但它也是一种无声的语言，在一定意义上能反映出一个人的修养、性格及特征，对沟通的有效展开至关重要[2]。

（4）道德品质

人类的交往行为和人际关系是由文化特征和价值取向决定的，同时显示出道德特性。应该明确，个体的道德活动从本质上说是与他人发生关系的人际行为，道德的目的也在于维护人际行为秩序，保障社会发展。

---

[1] 樊富珉，王建中. 当代学生心理健康教程［M］. 武汉：武汉大学出版社，2006.
[2] 夏翠翠. 人际交往中的心理学效应［J］. 知识就是力量，2010（10）：30-32.

当然，不可忽略的是，人性有道德需求：一方面是人自我肯定、自我发展、自我完善的需要；另一方面是协调人际关系，维护社会秩序的需要。这两方面的需要使人无时无刻不与他人发生联系，并对其行为做出道德选择。在具体的人际情境中，人们对任何具有或符合一定道德准则的行为给予肯定和赞许，而对任何缺乏或违背道德准则的行为予以否定并谴责。主体良好的道德品质会引导和推动交往关系的正常发展；反之，主体缺乏良好的道德品质，便会造成与他人交往的障碍。可以说，道德维度规约着人际交往的内容与方式。

2. 社会因素的影响

（1）社会制度的影响

社会制度是指在一定历史条件下形成的社会关系和与此相联系的社会活动的规范体系。社会制度是发展变化着的，由此也影响人际关系的变化和发展。就宏观而言，人际关系的每一种历史形态的演变无不与社会制度联系在一起。就微观而言，人际交往的范围在不同时期及不同地区会发生不同变化。例如，在较为开放的社会制度里，人际关系的范围往往容易扩大；反之，在较为封闭的社会制度里，人际关系容易狭窄。并且，社会制度还具体影响到人际交往的行为模式，如在不同国家里，人们的行为模式存在很大差异。

（2）文化观念的影响

文化观念的影响主要是指文化价值观念的差异对于人际交往的影响。它表明人对社会行为的评价态度，突出地表现为不同文化背景的人对社会的认知态度。首先，交际主要是通过言语进行的，一个人的文化修养的深浅、受教育程度的高低既影响着他对话语意义的理解，同时也制约着他对言语材料的选择与组合。例如，在言语交际中对牛弹琴，导致交际对象的误解以致反感，就是交际失败。其次，如何区别好和坏、正确和错误、真善美和假恶丑，不同的文化价值观的看法也不尽相同。

（3）职业身份的影响

职业身份是指关系主体所从事工作的类别，即做什么工作和担任什么职务。在社会交往中，个体的职业身份往往对人际关系发挥一定的影响和起着一定的制约作用。

作为交际主体，所从事的职业不同，就会有不同重点的人际交往对象。例如，教师的主要交往对象是学生，服务人员的主要交往对象是顾客。可以说，职业类别与人际交往对象的这种关系，是职业类别对人际关系的第一制约和影响。就交际者不同的职业身份来看,它能满足不同交际对方的需要。例如,商业工作者能满足人们购物的需要,修理家电的技师能满足人们修理家电的需要。因此,从事满足越多人需要的职业的人,越容易建立广泛的人际关系;从事满足需要程度越高的人也越容易建立较深或较亲密的人际关系。

第二节 大学生群体中常见的人际沟通问题

大学生人际关系问题主要存在于师生关系和同学关系两个方面。师生关系不适应的具体表现有学生不愿与老师谈心、不愿接近老师、对辅导员工作不满意、觉得老师不关心自己或看不到自己的优点等;同学关系不适应的具体表现有感到孤独、觉得周围的人不理解自己、觉得同学关系冷漠、与宿舍同学有摩擦等。

大学生人际关系困扰的另外一个表现为人际敏感,也就是习惯于将他人的一举一动都视为与自己有关的行为,而且通常会倾向赋予行为消极的解释。例如,认为他人那样做是在故意排斥或批评自己等。人际敏感容易导致社交焦虑或社交回避,在与人互动的过程中,也更容易产生苦恼、抑郁、强迫、焦虑等心理,可见与人际困扰相关的心理问题在大学生群体中较为突出。

大学生的人际关系状况与心理健康之间存在密切的相互影响。大学生的人际关系困扰与攻击性行为之间存在正相关关系,即大学生的人际关系困扰程度越高,越容易出现攻击性行为。大学生的攻击性倾向在很大程度上受到人际关系的影响,在与同学的交往过程中,如果个体能够很好地运用技巧处理人际关系,在群体和朋友当中树立自己的威信,得到朋友的尊重,那么他就会感到自己被他人接受,被群体接纳,结交的朋友就会越来越多,人际交往的能力越来越强,与他人出现摩擦或者冲突的情况则随之减少,个体的攻击性行为就会大大减少。反之,如果个体处理不好人际关系,不懂得如何运用人际交往的技巧,在与他人的互动过程中就会处处遇到困难,难以被他人接纳,并且经常与他人发生冲突,攻击性行为出现的可能性就会增加。

在互联网技术飞速发展的今天,网络已成为人们生活的重要组成部分,也为大学生人际交往提供了重要平台。网络社交具有双面性:从有利的一面看,网络交往拓展了大学生的人际交往范围,有利于消减文化冲突导致的交往不适,有利于减少大学生人际交往的障碍,促进大学生的自我同一性重建;从不利的一面看，网络交往弱化了大学生的人际沟通能力，可能导致大学生出现角色混乱的情况，弱化了大学生的道德意识和责任感，有可能不利于其树立正确的人生观、价值观。

一、大学生人际沟通问题的心理表现

人际沟通是大学生身心健康发展的需要。然而，一些大学生感到人际沟通并不是一帆风顺的，经常感到与他人的交往存在很多问题。一般而言，大学生常见的人际沟通问题有以下几种心理表现。

（一）嫉妒心理

嫉妒心理是个体在社交互动中，因为与他人进行比较后发现自己在能力、学习或名誉等方面不如对方，从而产生一种不悦、羞愧、怨恨等情绪，甚至有可能发展为具有破坏性的心理倾向。具体表现为：对别人的优点或取得的成就感到嫉妒，怀有不满情绪；对于那些表现出众、引人注目的人，会感到不满，希望对方不如自己；缺乏竞争的勇气，常常采取讽刺、挖苦、打击甚至不合法的手段对嫉妒对象造成伤害。

嫉妒心理对大学生的身心健康和交际能力产生了严重阻碍，给他们的成长、成才带来了许多困难。嫉妒会破坏人的正常思维，吞噬人的理智和灵魂，导致人格出现扭曲。在现实生活中，嫉妒已经成为较为消极和狭隘的病态心理。

（二）孤独心理

孤独感是一种心理状态，让人感到与世隔绝、无人理解和无人交流情感或思想，从而感到寂寞和孤单。孤独者常常陷入消沉，缺乏生气，并显得与群体格格不入，正常的学习、交际和生活会因孤独而受到重大影响。自卑、自负和自傲都有可能引发孤独心理。

（三）自卑心理

自卑是人际沟通的一大障碍。自卑的人常常感到悲观、忧郁和孤独，他们害怕与他人交往，并认为自己处处不如别人。从更浅显的角度来看，自卑意味着他们觉得别人看不起自己；但从更深层次的角度来看，自卑意味着他们自己看不起自己，也就是缺乏自信。

盲目的自我否定、消极的自我暗示、挫折的影响及某些心理或生理方面的缺陷是引发自卑心理的几个重要原因。一些经济困难学生的自卑心理相对突出。他们希望通过考上大学来摆脱艰难的生活，但由于生活经验的限制，他们往往无法完全融入大学生活，从而产生自卑情绪。

（四）羞怯心理

羞怯心理是大多数大学生都有可能产生的一种消极心理。具有这种心理的人通常有以下表现：过分焦虑或过度担忧，在言语上支支吾吾，在行动上手足失措、瞻前顾后，在交际场所或大庭广众之下羞于启齿或害怕见人。羞怯心理不仅阻碍大学生的自我完善，还会阻碍其与他人的正常交往。

（五）报复心理

在人际交往中，报复心理指的是对那些曾经给自己造成伤害的人采取攻击方式来发泄不满或怨恨的心理倾向。这种心理现象通常出现在心胸狭窄、个性有一定问题或者曾经遭受过挫折的人身上。个性特点、成长环境及所遭受的挫折，与报复心理的产生有着不可分割的联系。由于通常以弱者形象出现，报复者的心理承受能力和公开反击能力通常都较弱，他们倾向在实施报复行为时采取隐蔽的方式。心理和人际交往都会因为这种心理而产生巨大的阻力和压力。

（六）异性交往困惑

异性交往是一项很正常的人际交往活动，但也是一项易使大学生感到棘手或产生交际困惑的活动。在现实生活中，不良心理因素会对一些大学生产生影响，使得大学生在与异性交往时面临诸多困难，以至于他们不敢、不愿甚至无法与异性进行交往。一些大学生无法区分爱情和友情的区别，导致了交往中的困惑。这些表现都是非常消极的，属于常见的人际交往问题。

二、大学生人际沟通问题的行为表现

（一）人际冲突

在大学生的人际关系中，人际冲突是一个十分常见的问题。大学生人际冲突指的是大学生之间的人际关系出现了不协调、不适应的现象，这种情况与大学生群体对其人际关系的基本认识不符。

人际冲突是一种不断发展的过程，而不是静止的状态。在这个过程中，冲突各方的认知、情绪和关系都在不断变化。大学生产生人际冲突的原因，具体来说有以下两个。

1. 自我中心

自我中心是一种个性特点，具有这种特点的人总是以自己的需求和兴趣为中心，只关心自己的利益得失，完全从自己的角度和经验去认识和解决问题，而忽视他人的兴趣和利益，将自己的认识和态度等同于他人的认识和态度，而且他们固执己见，不容易改变自己的态度，盲目地坚持自己的意见。

自我中心者建立起自负这样一种虚假的自尊，要求别人必须服从自己，必须满足自己，这种做法明显违背了人际交往的平等互利原则，任何人都不愿意建立或保持这种人际交往的不平衡。这种不平衡的人际交往不能建立，自我中心者虚假的自尊需要也无法得到满足，这必然导致人际冲突。

2. 情绪调控力差

情绪调控力是情商的重要组成部分，是建立和维护良好人际关系的重要保证。情绪调控力好的大学生在出现人际关系不和谐时，能很好地控制自己的情绪，及时调节和引导人际交往向自己希望的方向发展；情绪调控力差的大学生则刚好相反，出现人际关系不和谐时往往控制不住自己的情绪，使得人际关系向本不应该发展的方向发展，使人际关系不和谐变为人际冲突。

（二）交往恐惧

恐惧是个体在面对某情境并企图摆脱而又无能为力时所产生的情感体验。交往恐惧感，是指在社交场合中出现的一种带有明显恐惧色彩的情绪体验。具体表现为：在面对陌生人时出现害羞、脸红等现象，说话时感到紧张，难以与人自然交往，甚至可能显得有些神经质。这种情绪状态阻碍了人们正常的人际交往，对个人的社会生活产生了一定的负面影响。

交往恐惧也是大学生中比较常见的一种人际交往问题。有交往恐惧的大学生不敢与他人交往，担心自己不会说话，担心被别人瞧不起，担心自己的表情不自然。总之，有交往恐惧的大学生不敢面对别人，不敢在大庭广众之下发言，不敢与他人积极交往，对人际交往充满恐惧。

大学生交往恐惧的产生原因，具体来说有以下几个。

第一，气质原因。例如，有一些抑郁型气质的人，从一开始就常常表现出交往恐惧。

第二，与人交往机会少。由于实际交往机会少，大学生一直处于求学状态，从而出现交往恐惧。

第三，自我保护意识过强，从而出现交往恐惧。

(三)沟通不良

在大学生的人际关系问题中,沟通不良是不容忽视的一个方面。沟通不良严重影响了大学生人际交往的顺利进行,其与缺乏相关的人际沟通技巧有关,许多大学生不知道在何种情况下应该采取何种方式与他人沟通。大学生人际沟通存在三种情况。

第一,我行我素,从不与人沟通。

第二,虽有良好的沟通愿望,但不知道如何与他人沟通,因而在沟通时往往不能采取正确的方法与他人进行沟通。

第三,通过自己的主动学习掌握相应的沟通技巧,不断提高自己的人际交往技能,人际关系不断地向良性方向发展。

这三种情况中的前两种都会导致大学生的沟通不良。因此,我们应该将提高大学生的沟通能力作为教育和培养的重点,以增强他们人际交往的能力。

(四)交往戒备

大学生人际交往中的戒备心理,是指在某些消极心理因素的作用下,形成的一种不切实际、固执的心理偏见,这是一种常见的大学生人际关系问题。俗话说"害人之心不可有,防人之心不可无",在形形色色的人群中,不乏虚情假意之人,如果我们交出了一颗真心却遭到欺骗,造成精神上的损失,这自然是得不偿失的。因此,适当的戒备是应该的,具有一定的戒备心理也是个体心理成熟的标志之一。

但是,戒备心理过重往往会影响到正常的人际交往。戒备心理过重,说明对他人的信任度不够,不能够充分相信他人。人际交往尤其是大学生的人际交往是建立在平等互信基础上的,少了基本的信任,交往自然无法继续下去。由于某些大学生对人际交往有强烈的戒备心理,害怕别人在与自己的交往过程中获得某种利益,或自己损失某些利益,从而不敢与他人进行积极的交往,并对人际交往充满恐惧。

第三节 积极人际关系的获取

一、大学生获取积极人际关系的方法

（一）自身层面

1. 悦纳自己，克服自卑心理

若想让他人更愿意与自己沟通，更喜欢自己和接纳自己，首先要做的是自己要欣赏和接纳自己。一个自卑的人往往不太容易被人喜欢和接纳。自卑往往与没有形成正确的自我认识和评价有十分紧密的联系。因此，要想悦纳自己，要先通过自我认识和评价来克服自卑心理。具体而言，在与他人进行社会比较时，应注意以下两点。

①在进行比较时，需要明确比较的标准。不能用自己的不足之处与别人的长处进行比较，这样会产生比较的误差。

②必须保持客观的态度进行比较。不能因为自己在某个方面不如他人就做出全面否定的错误评价。

2. 运用语言沟通技巧和非语言沟通技巧

在与他人交流时，我们应该注意运用语言沟通技巧，如使用得体的称呼、礼貌的言语、适度的赞扬，以及避免争论等。巧妙地运用语言沟通技巧，能够吸引交往对象的注意，并激发彼此交谈的热情和兴趣，满足对方的心理需求，从而促进双方交往关系的深入发展。

此外，掌握非语言沟通技巧也是大学生的必备技能之一。非语言沟通技巧包括肢体语言（如眼神、面部表情、手势、动作等）、空间距离和衣着打扮等。在人们的日常交流中，语言沟通只占7%，而非语言沟通则占据了93%的比例。其中，55%的信息是通过面部表情、形体姿态和手势传递的，38%的信息通过语音语调传递[①]。因此，对于想要提高人际沟通能力的大学生来说，具备良好的非语言沟通能力至关重要。

---

① 陈培霞. 浅谈大学生的沟通交流能力［J］. 学园, 2018（17）：201-202.

3. 提升自身的吸引力

人与人之间产生吸引力的基本假设是，他人的出现对于我们有奖赏意义。影响吸引力的奖赏有两种类型：一是与他人交往产生的直接奖赏，二是和他人有关的间接利益。直接奖赏指的是他人提供给我们的所有显而易见的愉悦。如果他人给予我们兴趣和赞美，我们会对这种关注和接纳感到高兴。如果对方聪明又美丽，我们会享受这些赏心悦目的个人特征。如果他人能给我们带来利益，如金钱或地位，我们更会乐于接受这些好处。多数情况下，人们提供的直接奖赏越多，对我们的吸引力就越强，反之，我们给别人的奖赏越多，我们对别人的吸引力就越强。

（二）待人层面

1. 平等待人，尊重他人

精神和人格的平等是人际沟通中平等的主要内容。在实际生活中，我们注意到沟通双方在政治、经济、文化、社会地位等方面很难达到完全平等，同时个体之间还存在着相貌、才学等差异。但是，人格尊严的平等适用于每个人。为了实现平等交往，我们一方面要对所有人一视同仁，不以外貌、权势、物质、才学、家境等因素取人；另一方面也要平等待己，克服自卑心理，不要自认为低人一等。

在与他人沟通时，我们应该注重对事不对人的原则，即只针对具体事件发表自己的观点，不涉及对对方个人品质的攻击。同时，我们也要遵循对己不对人的原则，勇于表达自己的感受，而不是轻易地对对方的行为做出判断。

2. 宽容待人

大学生的个性是多样化的，因而大学生之间进行人际交往时会不可避免地有一些矛盾。这就要求大学生在与他人沟通时不要斤斤计较，不计较对方的态度和言辞，要谦让大度、克制忍让，并勇于承担自己的责任，做到"宰相肚里能撑船"。有涵养的人懂得宽容与克制，这并非软弱的表现，而是展现肚量和人际智慧。这种品质如同润滑剂，使人际关系更加顺畅，将冲突化解为和谐，从而赢得更多的朋友。

3. 欣赏他人，赞美他人

（1）赞美是一种精神嘉奖

除了物质奖励外，精神奖励在世界上也普遍存在，而赞美在所有精神奖励中居于首位。赞美他人并引导他们进入自己所期望的行为模式，是令人愉快的事情。

这个过程不需要花费我们任何金钱,因此不需要制定任何预算。此外,我们也不需要得到任何人的许可或同意来使用这种方法,同时这也是风险最小的投资。

赞美是所有精神"贿赂"中居于首位的形式,没有人会真正拒绝这种形式,也没有人会把送进来的赞美甩出去。获取赞美是人的天性。

（2）赞美是天下最直接的善意

赞美他人的同时,也是在肯定自身的价值。对他人的真诚赞美,体现了我们自身的自信与从容。在欣赏他人的优点时,我们也在肯定自己的眼光;在赞叹他人的特色时,我们也在提升自己的气度;在肯定他人的表现时,我们也在丰富自己的观察力。

赞美他人,是提升人际关系最有效的"润滑剂",是一件对他人有益,对自己无损而有利的乐事,何乐而不为!赞美是一种极为有效且不可思议的推动力量。

（3）具体的赞美才能打动人

在赞美他人时,我们应该关注具体的事情,并准确地表达出对方哪怕是微小的优点。越是具体的赞美语言,越说明自己对他的了解,对他的长处越看重。这样可以让对方感受到我们的真挚和关心,进而增强彼此之间的信任和亲近感,彼此之间的人际距离就会越来越近。

4. 培养同理心

同理心也可以被称为换位思考、感同身受或共情,它是一种能力,让我们可以站在他人的角度去思考和理解他们的情绪、想法和立场,并站在他人的角度思考和处理问题。在人际交往中,同理心是非常重要的,它主要体现在情绪自控、换位思考、倾听能力及表达尊重等与情商相关的方面。

同理心与同情心很容易被混为一谈,观念上我们可以从两个方面区分同理心和同情心:第一,同情心表述的是我们自己的观点,我们看到别人的困扰并产生悲悯之情;而同理心则需要我们设身处地去思考对方的处境,从而感同身受。设想一下,对于无家可归的人,当我们只是同情他们时,那么我们只是从自己的视角看待他们的困惑、喜乐和痛苦;但如果我们能同理他们,那么这些经历就好像变成自己的经历(至少在那一刻)。第二,只有当我们明白他人痛苦的缘由之后,我们才会产生同情。但是,没有同情并不妨碍我们产生同理心。我们无须太多的同情也可以理解他人。例如,我们可以同理遇到困境的亲戚、冒失的陌生人等。同理心让我们了解他人的动机,但不一定要赞同他们。在同理之后,我们几乎可以确定,我们更了解他们,但并不一定对他们产生同情。

（三）网络层面

1. 加强网络安全教育

为了在网络环境下引导大学生进行正确的人际交往，首要任务是加强网络安全教育。许多大学生在网络社交平台上轻易地分享自己的真实照片和私人信息，这种行为可能导致他们的隐私被泄露，引发严重后果。大学生缺乏足够的网络安全意识是这些情况发生的主要原因，因此，高校应该加强对大学生的网络安全教育，让他们在网络环境下进行人际交往时保持谨慎，以避免泄露个人信息。

2. 加强网络道德教育

加强对大学生的网络道德教育同加强网络安全教育一样重要。每个人都有言论自由，在网络媒体平台上，人们可以自由地发表自己的言论。然而，网络媒体平台上不但有积极的言论，还有消极的言论。一些不恰当的言论不仅误导大学生，甚至还可能违反网络道德。这些言论的散布者不仅包括社会人士，也可能包括大学生。因此，我们必须重视对大学生的网络道德教育，以防止他们受到不良信息的影响，并避免他们散布这些不良信息。

3. 帮助大学生树立坚强的网络意志

尽管我国网络媒体的发展日新月异，但是网络法规体系仍然不够健全，还存在不足。考虑到大学生处于特殊的年龄阶段，他们的心理状态并没有达到完全成熟，网络媒体平台中的消极因素会对其产生重要的影响。因此，在学生面对网络诱惑的时候，高校教育工作者和专职辅导员有责任引导学生保持谨慎的头脑和坚定的意志。

4. 对大学生进行心理健康疏导

关注大学生的心理健康并在网络环境中引导他们正确进行人际交往是一项必不可少的举措。只有当学生拥有健康的心理状态时，他们才能更好地在网络媒体平台中与他人进行交流和沟通。换句话说，健康的心理状态是学生在网络环境中进行人际交往的重要基础。因此，高校应该更加关注大学生的心理素质教育，并安排专业的心理咨询师进行心理疏导，帮助他们保持健康的人际交往心理。

二、大学生获取积极人际关系的意义

（一）积极人际关系是身心健康的需要

冠心病、消化性溃疡、甲状腺功能亢进、偏头痛、月经失调和癌症等身心疾病，往往与长期的情绪困扰和遭受强烈心理刺激紧密相关。

每个人的人生都有欢笑和泪水，与朋友分享愉悦能让我们的快乐倍增，向朋友倾诉困难则能减轻我们的心理负担。这是一种常见的情感表达方式。愉快、广泛和深刻的心理交往有助于个性发展与身心健康。

（二）积极人际关系是获得安全感的需要

社会心理学的大量研究表明，与人交往是获得安全感的最为有效的途径。当人们处于危险的情境并感到恐惧时，与他人在一起能够显著降低人们的恐惧感，使人们感到平静和舒适。在战场上与部队失散的士兵身上，有研究者发现最令他们感到恐惧的是孤独，并非战场的硝烟和炮火。

人类不仅具备生物性的安全需求，还具有社会性的安全需求。当人们处于无法掌控的社会情境中时，他们同样会感到缺乏安全感。就像建立生物安全感一样，与人交往是获得社会安全感的最佳方式，并由此建立稳定的人际关系。

（三）积极人际关系是确立自我价值感的需要

人的自我意识的保持和自我价值感的确立，依赖于将自己与他人进行比较的过程。只有将自身置于社会背景之中，我们才能理解自己的价值。因此，人们需要了解他人，也需要通过他人来了解自己。与他人保持一定的关系是必要的，这有助于我们获得信息，确信自己的价值，并保持稳定的自我评价。

（四）积极人际关系是人类发展的需要

人际交往是人类社会的基本构成单元，也是个人成长和社会化的必经之路。社会化是指个人在不断学习的过程中，获取社会知识、生存技能和文化，从而获得参与社会生活的资格，并开始自我发展。个人无法独立完成社会化的过程，必须与其他个体合作，因此人际交往是人类生存的必需。无论我们是否愿意，我们都需要与他人建立联系。个人的成长、发展和成功都与他人的交往密切相关。从人际关系中，我们可以获得信息、机遇和帮助，这些可能成为我们走向成功的关键因素。

（五）积极人际关系是人生幸福的需要

良好的人际关系对于生活的幸福具有首要意义，因为它可以满足我们对归属、爱和尊重的基本需求。在我国，导致一些极端行为的因素包括压抑、人际关系压力，这也说明了人际关系对于我们的心理健康和幸福感的重要影响。因此，我们可以认为，获得人生幸福的重要因素之一是积极的人际关系。因为积极的人际关系可以帮助我们进行高质量的人际交往，而高质量的人际交往会给我们带来温暖和力量，丰富我们的日常生活，让我们更容易体会到生活中的快乐，进而促进我们感受到人生的幸福和意义。

第四节　大学生积极人际关系心理素质拓展训练

一、心理影片赏析：《放牛班的春天》

《放牛班的春天》是一部法国音乐电影，上映于2004年3月，由克里斯托夫·巴拉蒂（Christophe Barratier）执导，杰拉尔·朱诺（Gérard Jugnot）、让－巴蒂斯特·莫尼耶（Jean-Baptiste Maunier）、弗朗西斯·贝尔兰德（François Berléand）等主演。

影片讲述的是一位怀才不遇的音乐老师马修来到辅育院，改变了一群被大人放弃的野男孩及他自己命运的故事。《放牛班的春天》如同一阵和煦的春风，轻轻拂过人们的心灵。它不仅展现了教师的伟大与尊严，还倾诉了对问题学生的深深关怀。这部电影唤醒了人们对生命的感悟，对教育的深思，让人们重新认识人与人之间的联系和影响。该片用最古典的技法讲述了一个最纯真的故事，它既轻松又愉悦，同时还带给人实实在在的艺术享受。它不会让人感到沉重或压抑，而是充满生机和活力，还有一点诙谐和幽默，这使得观众感到轻松愉快。它如温暖的记忆触动人心，又如柔风令人陶醉。观众在感受它所带来的感动之余，更能深刻体验到它所传递的对人性的尊重和对人际沟通的深入思考。

二、心理游戏：无家可归

（一）无家可归

活动时间：大约15分钟。

活动场地：室外最佳。

活动规则如下：

①同学们手牵手围成一圈，指导老师站在中间。一声"开始"，同学们便牵着手开始逆时针奔跑。

②指导老师说："马兰花开。"同学们纷纷询问："花瓣数量是多少？"老师回答："n 片！"其中，n 是一个任意数字。接着，全体同学立刻自动组合成一个包含正好 n 个人的小组。

③对于那些被排除在任何小组之外，沦为"无家可归"的同学则需要表演节目。游戏可多次进行，我们希望通过不断改变数字 n 的大小，让更多的人有机会体验到无家可归的感受。

（二）活动总结

在活动结束后，我们邀请两位同学分享他们的参与体验。一位是经历过最多次无家可归的同学，另一位是总能顺利找到组织的同学。通过他们的分享，我们启发同学们认识到在人际互动中要积极主动，不能只是消极被动地等待，同时认识到集体归属的重要性，为个人成长和团队合作打下坚实的基础。

三、心理训练：信任之旅

感受沟通——采用互动的沟通方式，建构相互信任与彼此接纳的人际关系。

（一）活动目的

①引导学生体验信任与被信任的心理过程，让他们理解这种感觉的重要性。为了达到这个目标，我们将设计一些活动，让学生感受到信任和被信任的滋味。

②帮助学生学习非言语情境下的合作活动。教导学生在非言语情境下进行合作活动是非常关键的。为了实现这一目标，教师可以开发各种项目和组织各种活动，让学生在互动中学习如何交流、协调和协作。

（二）活动方法

①事先要选择好盲行路线，最好道路不是平坦的，要有阻碍，如上楼、下坡、拐弯且室内和室外结合。每人准备一个眼罩（或蒙眼睛用的布条）。

②将学生分成两人一组，一位做"盲人"，一位做向导。

③让"盲人"蒙上眼睛在原地转三圈，使其迷失方向，然后由他人搀扶着，依据指定的路线前行。他们不能开口说话，只能通过肢体动作给他人提供指引，共同完成一段特定的距离。

④可以互换角色进行游戏。

（三）讨论与分享

①刚才在前进的过程中，什么都看不见，你有什么感觉（害怕、恐惧、紧张等）？

②在前进中难免磕磕碰碰，这时候你有什么感觉（埋怨、生气、害怕、内疚、紧张、担心、慌乱等）？你对你的伙伴的帮助是否满意？

③在整个活动过程中，你想起什么？你对自己或他人有什么新的发现？

④作为向导，你怎样理解你的伙伴？你是怎样想方设法帮助他的？这使你想起什么？

每位同学在小组中谈谈自己在人际交往中的经历，交流彼此的感受与体会。

第六章　大学生职业生涯规划与心理素质训练

当下，高速发展的社会对大学生的心理素质提出了更高的要求，就业竞争压力也逐年增大。对于大学生而言，正确的职业生涯规划和健康的心理素质是实现个人自我价值和顺利就业的关键。开展职业生涯规划对大学生毕业后的职业选择与人生规划具有较强的指导性意义与导向性作用。职业生涯规划是指为了实现个人职业目标而进行的全面规划和系统安排，而心理素质训练是指通过心理调适、心理压力管理和积极心态的培养，增强个人的心理健康和适应能力。本章围绕大学生职业生涯规划、大学生职业生涯规划影响因素、大学生职业素养能力的提升，以及大学生职业生涯规划心理素质拓展训练四个部分展开研究。

第一节　大学生职业生涯规划

一、职业生涯规划的概述

（一）生涯、职业生涯、职业生涯规划概念辨析

1. 生涯

"生"原意为"活着"，"涯"意为"边际"，"生涯"连起来就是"一生"的意思，其英文为 career，从词源上来看，生涯来自罗马词 via carraria 及拉丁词 carrus，两者的含义均指古代战车，蕴含着疯狂竞赛的精神，后来引申为道路，主要指个人一生的道路或发展路径。对生涯的理解有广义和狭义之分。广义的生涯是指人生所经历的途径或终生发展的历程，包括个人对工作或职业的选择与发展，对非职业性或休闲活动的选择与追求，以及参与社交活动所获得的满足感。狭义的生涯指职业的发展历程，即职业生活。

美国著名职业管理专家、职业生涯规划师唐纳德·E.舒伯（Donald E. Super）对于生涯的观点为大多数学者所认同。他认为，生涯是生活中各种事件的演进方向和历程，它统合了人一生中的各种职业和生活角色，由此表现出个人独特的自我发展形态。"生涯"作为一个人终其一生所扮演角色的整个过程，由三个层面构成：一是时间，即个人的年龄或生命的过程；二是经历，即每个人一生所扮演的各种不同的角色；三是为个人所扮演的各种角色投入的程度。

2. 职业生涯

与职业内涵不同，职业生涯是一个动态的过程，是一个发展的概念。它不仅包括一个人的过去、现在和未来那些可以实际观察到的连续从事的职业发展过程，还包括个人对职业生涯发展的见解和期望。有关"职业生涯"这一概念的研究由来已久。职业生涯包括个人一生中所从事的工作及所担任的职务、角色，同时也涉及其他非工作或非职业的活动和个人生活中衣食住行、娱乐等方面的活动和经验。美国学术和教育之父诺亚·韦伯斯特（Noah Webster）将"生涯"的外延进一步扩大，强调职业生涯是个人一生的职业、社会与人际关系的总称，也就是一个人一生的发展过程。舒伯认为，职业生涯是一个人一生职业经历的整体过程，是生活中各种事件的发展方向和发展历程，是个体独特的自我成长和塑造的过程。概括来说，职业生涯包括以下几层含义：一是职业生涯是个体的行为经历，而非群体或组织的行为经历；二是职业生涯是一个人一生中的工作任职经历或历程；三是职业生涯是时间概念，指从事职业的生涯期；四是职业生涯蕴含着具体职业内容，是一个动态的、发展的概念。

美国著名的管理心理学家埃德加·H.施恩（Edgar H. Schein）把职业生涯分为外职业生涯和内职业生涯两部分。外职业生涯是指个体通过职业活动获取的物质财富的总和，包括工资待遇、工作职务、工作环境等，通常是由别人认可和给予的，也是容易被别人否认和收回的。内职业生涯是指在职业发展中通过提升自身素质与职业技能而获取的个人能力、学识经验、个性品质的综合，是别人无法替代和剥夺的人生财富。其中，内职业生涯在人的职业生涯发展进程中起着主要作用。在职业生涯发展初期，从事一份好工作是对个体的内职业生涯提升最快的途径。大学生在择业时，不要只看重薪水、环境，而要选择能够最大限度地锻炼自身能力的工作，才会对自己的职业方向产生最有益的影响。

3. 职业生涯规划

职业生涯规划源于20世纪60年代的西方发达国家，20世纪90年代传入我国。

在西方发达国家，职业生涯规划起步很早，人们从幼儿园就开始接受职业生涯规划教育。在我国，系统的职业生涯规划教育和辅导体系尚处于探索阶段。

规划的本质在于选择目标及实现目标的最佳方案。职业生涯规划简称生涯规划，又可以叫做职业生涯计划，是指个人与组织相结合，通过对个人职业生涯的主客观条件进行全面评估、分析及总结，在此基础上了解自身的优势和局限，再结合现实环境，制定适合自己的职业目标，选择合适的职业道路，并制订相应的培训和教育计划，逐步实现职业生涯目标的过程。

职业生涯规划的目的绝不只是协助个人按照自己的资历条件找到一份工作，更重要的是帮助个人真正了解自己，并详细评估内外部环境的优劣、机会与限制，为自己定下事业大计，筹划未来，确定一生的、合理可行的职业生涯发展方向。

（二）职业生涯规划的特征

1. 个性化

每个人的成长环境、文化背景、职业目标、对社会的认知等不尽相同，因此不同人的职业生涯追求不同，规划也不相同。职业生涯规划必须由自己来做，别人无法代替。每个人的职业生涯规划都具有强烈的个性特征，是个性化的发展蓝图，虽有共同的规律，但没有固定的模式，只能由个人根据自己的实际情况制定。

2. 时间性

职业生涯规划有一个时间跨度。按照规划时间的长短，个人职业生涯规划可分为短期规划、中期规划、长期规划、人生规划四种类型。人们通常是长短期并举，先确定人生规划、长期规划，在操作层面上则把中期规划作为个人职业规划的重点。时间太长的规划因环境和个人自身的变化很难具有操作性，时间太短的规划意义又不太大，而中期规划既易于依据现有条件进行操作，又便于根据规划执行的反馈信息及时调整规划的策略与内容，更具可操作性。

3. 开放性

个人职业生涯规划要置身于社会环境、组织环境和他人的影响之中。因为人是社会动物，一份有效的职业生涯规划必须是在对主客观条件审度的基础上，广泛听取他人的意见之后才制定出来的。而且，在这个开放变化的社会里，有效的个人职业生涯规划要经历数次的修正和调整，不是一成不变的。

（三）职业生涯规划指导理论

1. 帕森斯的特质因素理论

帕森斯的特质因素理论又称为帕森斯的人职匹配理论，是职业辅导领域最早的理论之一。1909年，美国波士顿大学教授弗兰克·帕森斯（Frank Parsons）在他的著作《选择一份职业》中提出了一种崭新的观点，即职业选择的关键是个人与职业之间的匹配。他认为，每个人都具有独特的人格模式，而不同的人格模式与不同的职业类型相适应。"特质"指的是个人的人格特点，包括兴趣、能力倾向、人格和价值观等。"因素"则是工作成功所必需的条件或资格。最关键的是，这些特质能够通过心理测量工具来衡量，同样地，通过对职业的分析也能够了解这些因素。这使得职业指导从理论分析转向实践应用，从定性分析发展为精确的定量测量。从此，职业生涯规划真正成为学科的一部分。

因为帕森斯的特质因素理论具有较高的可操作性，所以它被广泛应用了一百多年，至今仍然很有影响力。下面是它具体的步骤。

首先，需要了解个人的生理和心理特点，即评估求职者的特质。通过心理测量和其他评估手段，可以收集关于求职者身体状况、兴趣爱好、气质、能力倾向和性格等方面的个人信息。其中包括成就评估、能力评估和人格评估：成就评估是用于评估个人的学习成果及与工作相关的技能；能力评估是评估个人的最佳状态及其在特定工作领域的能力水平；人格评估是评估个人最适合从事的职业类型及可能的职业发展潜力。之后，通过会议、调查等方式获取有关求职者的家庭背景、工作经历和学习成绩等信息，并对这些数据进行分析评估。

其次，需要对各种职业对个体的要求（因素）进行分析，并向求职者提供相关的职业信息，如工作条件、职业描述和薪资等。岗位的要素涵盖：工作性质、薪资待遇、工作条件和晋升机会等；求职的最低要求，如学历、专业培训、体能、年龄、各种能力和其他心理特点；为就业做准备的教育课程计划，以及提供此类培训的教育机构、学习时间、入学资格和费用等。

最后，需要整合个人和工作领域的信息，这在帕森斯的特质因素理论中是核心。在职业指导过程中，帕森斯提出了职业设计的三要素模式：第一，要清楚地了解自己，包括能力、形象、自身局限、兴趣和其他特质等资料，以便实现个性匹配，使不同的人适应相应的岗位。第二，还需要了解各种职业所要求的专业知识和所需的必备条件。同时，还要了解对于不同的工作岗位来说，其所具备的不足之处、优势、发展机会及未来前景等方面的情况。这样才能实现因素匹配，也就是说，需要知道哪种职业更适合哪种类型的人。第三，基于以上两点，需要指导人员在了解职业的各项要求和求职者特点的基础上，帮助求职者进行比较研究，以便选择一种适合其个人特质又能满足其职业要求，并且能在职场上获得成功的职业。毋庸置疑，帕森斯的特质因素理论为我们的职业设计提供了最基础的原则，我们可以运用它在现实中解决职业规划与发展的问题。

2. 社会学习理论

社会学习理论由美国心理学家阿尔伯特·班杜拉（Albert Bandura）于20世纪70年代提出，它以经典行为主义、强化理论和认知信息加工理论为基础。美国学者约翰·D.克朗伯兹（John D. Krumboltz）将之引入生涯辅导领域。克朗伯兹的社会学习理论以社会学的观点来解释人类生涯选择的行为，特别强调社会因素和学习经验对生涯选择的影响。克朗伯兹认为，以下四个方面将影响到一个人的职业选择。

一是遗传和独特的才能。也就是说，个体从遗传中所获得的一些特点，如性别、种族、外貌特征、智力和个人天赋等，在一定程度上决定了个体在职业方面的表现，或者会对其职业生涯产生影响。在当前的大学毕业生就业过程中，由于一些工作的特殊性，性别仍然对求职者的面试和录用机会产生影响。此外，体形、身高和健康状况等条件在招聘模特、文艺工作者等职业中也发挥着重要作用。

二是环境和重要事件。这包括人类活动（文化、社会、经济活动、政治、教育活动、家庭）的影响及自然力量（自然资源的分布或自然灾害，如洪水、地震和干旱）的影响。显而易见，个人的学习机会和发展被家庭的社会经济条件（如居住在沿海城市还是偏远农村）、家庭对个人发展的期望（如是否重视教育），以及所在地区的教育水平等因素深刻影响。

三是日常生活中个人通过积累经验和知识而得到的学习经验。举例来说，孩子在与朋友玩耍时发现，只要愿意与他们分享玩具，就能获得更多合作和游戏的机会，这样的分享和合作的经历对孩子来说也是一种学习。然而，倘若父母代劳一切事务、禁止孩子拥有独立思考或个人偏好，那么当孩子长大到需要独立做职业决策时，决策过程将变得困难重重。同样，如某个小学生恰好遇到了一位特别和蔼可亲、善于引导学生的数学老师，这就会让他对数学产生浓厚的兴趣，对成为一名教师也充满着美好的向往。因此，在成年后，他毅然选择将数学教师作为自己的职业。由此可见，多数的学习经验都是个人在成长过程中获得的。个体的学习经验是独特的，而学习经验对于个体职业生涯的选择又具有重要的影响。一个人是畏惧变化还是敢于冒险,是自卑还是自信,对他人的看法,对于医生、警察、教师等各种职业有什么样的印象,更看重和家人相处的时间还是更看重工作带来的成就感等,都与每个人的学习经验息息相关。

四是"任务取向的技能",即面对任务的技能。基于上述几个方面,在面对一项任务的时候,每个人都会表现出特殊的工作习惯、分析和解决问题的能力、情绪、心理及对事件的反应和认知经验,这些被视为"任务取向的技能"。例如,面对求职,同班级的学生都缺乏经验,但是其中有些人可能认为自己应该积极面对困难,进而想到借助一些学校就业指导中心的各种相关信息和资源(如听讲座和未来职业规划课、参加学校组织的各种实践调查和主题教育实践活动等),并且向亲友、学校的老师及高年级的同学咨询,然后开始思考和探索自己的兴趣和潜力,并开始接触难得的实习机会。到了大学四年级的时候,他们对自己和毕业后的就业市场有了很多的了解,积累了大量的相关信息和资源,能够放心求职。但是还有一些人不迎难而上,拖到大学三年级或四年级才开始考虑自己的职业方向,或者希望自己的亲戚能帮自己找一份稳定的工作,或者抱怨就读学校不帮助应届毕业生联系适合的单位,结果在毕业后,往往会随便地找一个普通的职位。在这个具体的过程中,不同的人表现出不同的心理状态、潜力和习惯,也就间接地反映出他们不同的任务取向的技能。

社会学习理论对于职业生涯规划的意义在于:职业生涯选择不是一个偶发事件,是多种因素交互影响的结果。生涯的选择不仅仅是个人选择的结果,也包括社会所提供的就业与机会,它是一个相互选择的过程。总之,人选择职业,职业也选择人。

3. 舒伯的生涯发展理论

舒伯根据自己"生涯发展形态研究"的结果,将生涯发展阶段划分为成长、探索、建立、维持与衰退五个阶段。

(1)成长阶段

从出生至14岁,该阶段儿童开始发展自我概念,以各种各样不同的方式来表达自己的需求,且通过对现实世界的不停尝试,来修饰自己的角色。这个阶段发展的任务是发展自己的形象,发展对职业的正确态度,并理解工作的意义。

(2)探索阶段

15~24岁,该阶段是青少年阶段。个体通过社团的休闲活动、学校活动、打零工等机会,对自我认知、自我能力及职业进行探索。这个阶段在选择职业时具有较大的弹性空间。这个阶段发展的任务是让自己的职业偏好逐渐具体化并特定化，进而逐渐实现。

（3）建立阶段

25～44岁，经过上一阶段的实践与探索，会有一部分人在此阶段寻求改变或者进行其他类型的探索。该阶段能清楚地让个体认识到自己在整个职业生涯中的定位，并在31～40岁开始思考怎样才能在这个定位中持续并生存下去。这个阶段发展的任务是统整、稳定的并力求上进的。

（4）维持阶段

45～64岁，在这个阶段的个体仍然渴望自己可以在属于自己的职业定位中持续下去，同时还会面对新任务的挑战。这一阶段发展的主要任务是巩固并维护个体已经取得的成就和地位。

（5）衰退阶段

65岁及以上，65岁及以上的人由于身体和心理功能的逐渐减退，需要面对现实，逐步减少参与度。在这个阶段，个体通常会专注于发展新的角色，寻找不同的方式来替代并满足自己的需求。

在舒伯的生涯发展阶段中，每个阶段都有独特的发展任务，都需要达到一定的发展水平或成就，并且前一阶段的任务完成与否会对后一阶段的发展产生影响。例如，大学一年级的新生必须适应新的角色及学习环境，在经过不断成长和探索，建立稳定的适应模式并维持大学学习生活后，就会进入下一个阶段——求职的准备阶段。人们逐渐丧失适应旧习惯的能力，进而在面对新任务时要重新经历成长、探索、建立、维持和衰退五个阶段，这种循环不断重复。舒伯于1976—1979年在英国开展了4年的跨文化研究。此后，他提出了一个更广泛的理念，即关于生涯发展的观点，强调了生活广度和生活空间的重要性。除了原有的生涯发展阶段理论之外，舒伯还加入了角色理论，将生涯发展阶段与角色之间的互动关系用一个综合图形描绘出来。这一综合图形展示了多重角色的生涯发展。舒伯将这个生涯发展图形命名为"生涯彩虹图"，展示了生涯的广度和空间。

横贯一生的彩虹——生活广度。在人生的生涯彩虹图中，横向代表着经历的广度。彩虹的外轮廓呈现了人生的关键发展阶段和大致的年龄，如成长阶段（类似于童年时期）、探索阶段（类似于青春时期）、建立阶段（类似于成年时期）、维持阶段（类似于中年时期）及退出阶段（类似于老年时期）。舒伯强调，在五个关键的人生发展阶段中，每个阶段都包含了多个细分阶段。他特别强调了根据个体情况的不同，对各个时期的年龄划分应该有相当大的灵活性。

纵贯上下的彩虹——生活空间。在人生的彩虹图中，纵向层面代表着纵贯上下的生活空间，由一组角色和职位构成，包括子女、学生、休闲者、公民、工作者、持家者等主要角色。舒伯认为人一生中需要扮演九种主要的角色，依次为子女、学生、休闲者、公民、工作者、丈夫（妻子）、家长、父母、退休者。

图 6-1 为生涯彩虹图示例。

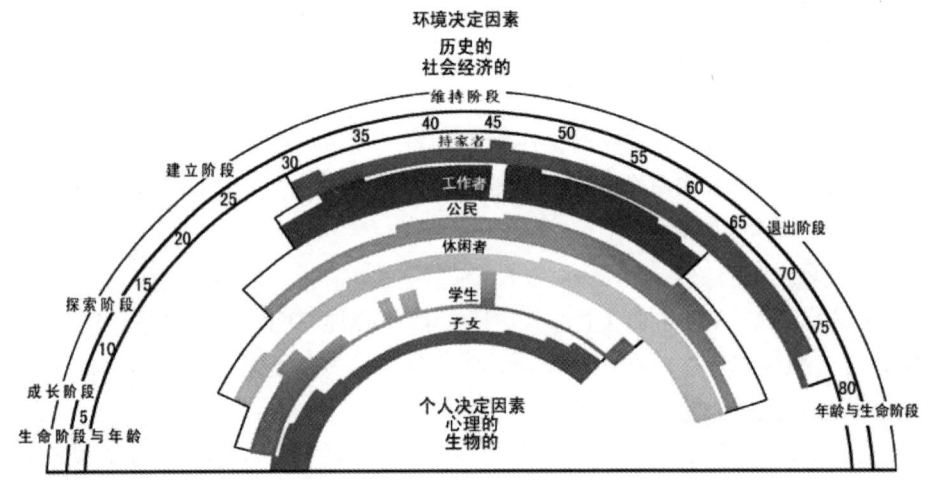

图 6-1　生涯彩虹图示例

（四）职业生涯规划的原则

职业生涯规划应该遵循个人生存原则、社会需求原则、能力特长原则、兴趣爱好原则、职业发展原则等五大原则。

1. 个人生存原则

按照马斯洛的需求层次理论，只有低层次的需求满足之后才会有更高层次的需求。作为一个自力更生的社会人，首先要学会生存，要有谋生的技能，才谈得上人生理想与生涯规划。

2. 社会需求原则

选择职业作为社会活动的一种，必然会受到一定的社会制约。在市场经济的背景下，个体都具备选择职业的自由。然而，这种自由并不是无限的，而是受到各种条件的限制。年轻学子在就业选择时，如果脱离社会需求，就难以被社会接纳而终将被淘汰。就业选择必须将社会利益与个人利益相互融合，并将个人愿望与社会需求相结合。积极关注社会对人才的需求趋势，并将社会需求作为起点和归宿，以社会对个人的要求为标准，不仅要看重眼前利益，更要考虑长远发展；不仅要考虑个人因素，还要自觉服从社会的需要。社会需求不断变迁，旧有需求逐渐消失，同时新的需求不断涌现。曾经的热门商品现在可能无人问津。生活处在一个不断变化的状态中，就像童年时代经常有人挑着担子在街巷间穿行，敲打着金属铁片，并伴随着抑扬顿挫的吆喝声。大家一听就知道是修理破损器皿的工匠来了。于是，大家纷纷拿出家里破损的锅碗瓢盆，让他修补。然而，如今在高楼大厦间，再也看不到他们的身影，再熟练的手艺也无法依靠此技谋生。社会可能不再需要他们了。因此，我们在规划自己的职业生涯时，一定要分析社会需求，选择社会所需。

3. 能力特长原则

不同的职业有着不同的能力要求，任何一份职业都需要一定的能力。任何一种职业技能都是经过学习和培训才能为劳动者所掌握的。例如，著名运动员刘翔，因为具有体育特长，尤其是跑步时特别富有节奏感，因此从短跑、跳高改为跨栏，终于在北京时间 2006 年 7 月 12 日凌晨，在瑞士洛桑国际田联超级大奖赛上，以 12 秒 88 的成绩夺得了男子 110 米栏冠军，并打破了保持 13 年之久的由英国名将科林·杰克逊（Colin Jackson）创造的 12 秒 91 的世界纪录，成为中国田径史上一个里程碑式的运动员。又如，马克·吐温（Mark Twain）是一位著名的作家和演说家，他名满天下并取得了巨大的成功。然而，很少有人知道，在他试图成为一名商人时，他曾遭受过重大的挫折和困扰。他曾投资开发打字机，但最终亏损了 5 万美元，一事无成。马克·吐温看到其他出版商因出版他的作品而获得巨额利润，心中不免感到不服气，渴望自己也能获得这一财富。因此，他毅然决定创办自己的出版公司。然而，经商和写作这两个领域实际上是截然不同的。所以马克·吐温的商业经历不成功，他的出版公司也倒闭破产，并且自己也面临了巨额债务。双重打击让他认识到自己在商业领域没有才能，于是他放弃了经商的念头，转而开始在全国巡回演讲。马克·吐温才思敏捷，演讲也风趣幽默，他重新找回了感觉，摆脱了商场中的困境，并在 1898 年成功还清了所有债务。因此，根据对自身能力和特长的正确评估，合理规划职业生涯显得极为重要。

4. 兴趣爱好原则

能力特长不等于兴趣爱好。根据使自己愉悦的快乐原则进行职业生涯规划也是一种明智的选择。兴趣是个人积极探索事物并带有积极情感倾向的心理状态。

这种状态常有稳定性、主动性和持久性等。兴趣是个体成功的希望，是最初的动力源泉，是我们最好的老师，如果个体对学习和工作产生了浓厚的兴趣，将会在学习和工作中表现出高度的自觉性和积极性并且可以一直保持下去，从而在学习和工作中取得卓越的成就。当然，兴趣爱好也并不一直能起到正向的推动作用，有时它也会成为一种耗散力，如在同一时间段内，有的人兴趣太广泛，由于时间和精力有限，最终他们所关注的都只是表面，无一深入。因此，在一定时间内，假如有较多的兴趣，一定要以主要兴趣点为主来考虑规划。应牢记，考虑兴趣须适度，众多兴趣定主辅。例如，中国现代思想家、文学家、哲学家胡适，16岁考取中国公学，20岁考取清华留学美国官费生。因家道中落，为了节省学费，接济家里，胡适进入康奈尔大学选学农科。康奈尔大学农学院设有洗马、套车、驾车、下田农耕等实习课程。胡适本来生于乡野，不畏农事，对洗马、套车等都有兴趣，也可以应付自如，可是到了苹果分类实习的时候，胡适却洋相百出。校方要求学生在规定的时间内完成对30种苹果的分类，许多学生只用了二三十分钟就分得一清二楚，可胡适将苹果翻来覆去地观察，花了两个半小时也只能勉强地分辨出20多个品种。胡适经过冷静反思，及时放弃学农，转学自己感兴趣的哲学，终至功成名就。如果当初不及时发现自己的所短所长，胡适又怎会以文学、哲学闻名于世呢？因此，只有从事一项自己喜欢的工作，才会在工作中获得满足感，自己的职业生涯也会变得妙趣横生。

5. 职业发展原则

职业是个人的谋生手段，其目的在于追求幸福。当目前的职业很难成功，或眼前的工作尽管能带来稳定的收入和不错的福利，但不能长久发展时，应遵循职业发展的原则，重新择业，找一份真正适合自己发展的工作。

在职业生涯早期，史蒂夫·乔布斯（Steve Jobs）曾被迫离开苹果公司。他创立了一家名为NeXT的新公司，并在此期间开始对动画和电影产生兴趣。几年后，苹果公司收购了NeXT，乔布斯得以重返苹果公司。在此之后，他带领苹果公司发布了一系列具有影响力的产品，如iPod、iPhone和iPad。玛丽·凯·阿什（Mary Kay Ash）曾经是一名出色的直销员，但她对原公司的管理不善和性别歧视感到不满。于是，她决定创立自己的化妆品公司。她以直销模式为基础，注重员工福利和产品品质，最终使公司成为全球知名的化妆品公司之一。雷德·霍夫曼（Reid Hoffman）早期曾在贝宝（PayPal）担任高管。后来，他离开了贝宝，创立了一家名为LinkedIn的职业社交网站。LinkedIn现已成为全球最大的职业社交平台之一,为数亿人提供了寻找工作和建立职业联系的机会。

上述案例表明,遵循职业发展的原则,重新择业是实现个人幸福和成功的关键。

(五)大学生职业生涯规划的方法

设计和制定职业生涯规划的方法有很多种,这里介绍几种较为适合大学生进行职业生涯规划的方法。

1. 5W 归零思考法

5W 归零思考法就是用 5 个问题进行归零思考,完成 5 个归零问题的回答后,找到答案中的共同点,就能拥有适合自身的职业目标,从而设计出自己的职业生涯规划。

(1)问题:我是谁?

回答该问题需要静下心来,仔细和深入地对自己进行一次较为深刻的反思和认识,要直面自身,真实且清醒地将自己的优点、缺点、性格等一一罗列出来,尽量做到完全剖析自己,尽可能地将所有答案列出,然后按照列出内容的重要性进行排序。

(2)问题:我想做什么?

此问题是对自身职业发展的心理趋向进行深入的检查和剖析,因为每个人在不同的年龄阶段、不同的认知层次下产生的兴趣和渴求的目标有所不同,有些甚至会完全对立,为了尽可能地完善职业发展心理趋向的分析,可以追溯到儿童时期,然后从儿童时期初次萌生的"想做什么?"的念头开始记录,根据时间线将自己真心向往的事都罗列出来。有些兴趣和目标虽然萌生于时间线的初期,却会随着年龄、阅历、能力的增长而逐渐固定,将所有罗列出的事排序就能大致分析出潜意识中最期望实现和最期望做的事,将之目标化就会成为终生理想。

(3)问题:我能做什么?

此问题是对自身已拥有的能力和潜力进行全面的总结和分析,可以将已经验证的能力罗列出来,然后将自认为能够挖掘和开发出的潜力也罗列出来。人的职业定位基于个人的能力,而职业的发展空间和提升空间取决于个人的潜力,所以罗列出已有能力可以明确职业定位,而通过自身潜力则可以推断出职业发展空间。自身潜力可以通过几个方面入手分析:对事物的兴趣,兴趣越大,提升空间越大;做事的韧性,韧性越足,成长空间越大;知识结构,知识结构越扎实、知识内容越全面、知识更新越及时,潜力空间越广阔。

（4）问题：环境允许或支持我做什么？

这里所指的环境，包括社会环境、政策方向、地方经济状况、地方企业制度、职业人事政策、职业自身潜力等各个客观方面的内容，还包括对应的主观方面的内容，如社会人际关系、亲属关系、职场领导关系、职场同事关系、朋友关系等。在回答该问题时需要将上述的环境内容综合分析，可以先罗列出来，然后思考、记录，并明确自己能够获得的支持，根据重要性、可能性排序。

（5）问题：我的职业目标是什么？

应在前四个问题已经回答并清晰罗列的基础上回答此问题。可以先从前四个问题的回答中找出对实现对应目标（第二个问题的答案）有利的条件和不利的条件，然后通过分析找出实现该目标时，不利条件最少、自己想做、自身能力和潜力能够实现的目标，这就可以作为职业目标的框架，也可以称为职业生涯的发展方向。完成上述实现的四个问题后，需要以找到的职业目标、职业发展方向为核心，以自身期望的时间阶段为周期（可以是三年，也可以是五年，乃至十年）对职业目标进行细化，提出对应的近期目标、中期目标和远期目标。将阶段性目标分解为年度目标、季度目标、月度目标。以近期目标为例，应该继续细化为周目标，甚至是每日目标，这样就能够极为清晰地罗列出自己实现近期目标应该努力的方向，根据这些细化的目标制定对应的行动方案，并在制定完成后立刻行动起来。每日目标完成后，需要在每日结束时对目标和自身情况进行对照和反省，总结当日成就、失误、缺陷、经验、教训等，修正后续每日目标行动方案。这样可以拥有详细且具有极强行动力的职业生涯规划。

2. SWOT 分析法

SWOT 分析法属于战略工具，最初由美国旧金山大学的管理学教授韦里克（Weihrich）于 20 世纪 80 年代初为企业管理研究所开发。SWOT 是取优势（strength）、劣势（weakness）、机会（opportunity）、威胁（threat）的首字母组合成的一个新生词，它通过对企业背景的深入调查，将优势、劣势、机会和威胁等主要情况一一列出，并以矩阵形式排列。然后，通过系统分析的研究方法，将这四个因素相互匹配进行分析研究，以得出最终的发展战略。这种分析方法实质上是内部与外部的结合，是优点与缺点的结合。

SWOT 分析法是市场营销管理领域广泛应用的一种分析工具，能够帮助决策者在市场竞争环境下制定出适合企业发展的竞争策略。它也可以被运用于职业生涯规划范畴，在设计和制定职业生涯规划时需要充分了解自身和外界环境，然后根据自身的特性来分析和评估各因素对职业生涯的影响，这种分析和评估较为复杂，运用 SWOT 分析法则能有效做到分析和评估。

通过该分析法，个人能够比较清晰地分析自身的优势和劣势，也能够将优劣势与威胁及机会进行综合分析，从而可以详细评估出较为适宜自身发展的职业道路。具体分析和评估需遵循以下步骤。

（1）分析自身优势和劣势

社会的快速发展推动社会分工进一步细化，职业分类也越来越详细，因此个人需要找到自己较为突出的优势和才能，以便弥补自身的不足，从而找到最适宜自身发展的职业方向和职业目标。可以通过列表的形式，分析自身优势和劣势，其中需要注意的一点是，自身的优势和劣势需要放在同等重要的位置，以便后续有针对性地弥补、提高。列表可以分两栏进行罗列：一栏列出自己喜欢的事情、优势和能力，也列出自身较为擅长的事情；另一栏则列出自己不喜欢的事情、劣势和缺点，也列出自己讨厌和宁愿放弃的事情。然后根据外部机会和外界威胁分析，有针对性地提升优势和能力栏中的内容，弥补劣势和缺点栏中的不足，放弃不擅长和讨厌的职业领域。

（2）分析外部机会和外界威胁

社会发展推动着社会环境不断发生变化，分析外部机会和外界威胁就是要找出不同的产业、行业、职业、职位和岗位在此环境之下会面临的机遇和威胁，精准地对产业方向和职业方向进行分析，做出正确的决策。同样可以通过列表的形式，将与自身优势、兴趣、性格、理想方向对应的职业领域详细地罗列出来，内容包括职业领域的政策导向、发展趋势、市场情况、职业发展模式等。可以将列表分为两栏，一栏是积极的外部因素，另一栏是外部的威胁，从而为后期决策提供充分的信息。例如，选择的职业领域近期不景气，那该领域能够提供的工作职位必然会减少，晋升的机会也会较少；而职业领域内积极的外部因素较多，如有政策扶持、市场潜力巨大、未来大势所趋等，那么该职业领域就会为个人提供更加广阔的职业前进道路和更多的发展机会。

（3）构建 SWOT 矩阵

前期分析的内容，主要是罗列出的内部因素和外部因素，可以将这些信息恰当排序，通常运用的排序方式是以轻重缓急、影响程度等为依据。可以先选择自身期望的职业领域，然后将各因素中对职业领域的发展有直接、重要、迫切、久远、深刻的影响因素优先排列，将对职业领域的发展有间接、次要、缓慢、短暂、浅显的影响因素排列在后，并将职业领域发展的阻碍或危机因素排列在另一栏。

可以根据矩阵来综合分析，通过寻找弱化危机和排除阻碍的因素来减少影响职业领域正向发展的弊端，以及寻找推动职业领域正向发展的因素，制定行动方案，最终形成合理的职业生涯规划。

3. 生涯金三角规划法

生涯金三角规划法的目的是通过科学的方式决策个人的职业目标，再根据职业目标有针对性地制定职业生涯规划。此规划法是由美国伊利诺伊大学教授斯威恩（Swain）针对职业生涯规划提出的金三角图形。该方法指出，制定职业生涯规划时需要根据三个因素进行考量，包括个人因素（自我）、信息因素（教育与职业资料）和环境因素（环境）。其中，个人因素包括个人的能力、兴趣、价值观、健康程度、性格等；信息因素包括职业类别、产业发展趋势、职业情况、教育模式等；环境因素包括社会潮流、经济情况、地域发展、家庭状况、社交关系等。个人因素是通过对自身的认知和剖析进行自我评估；信息因素是通过对职业内容和情况进行分析，寻找期望的职业方向，并通过建立对应的职业榜样来发展对职业的认同；环境因素是通过对家庭和社会背景等内容的分析来推断助力和阻力。

二、职业生涯规划的意义

职业生涯规划可以将自我的兴趣与能力结合起来，并在客观分析自我和环境之后，制定出科学且个性化的方案来实施。这一方案将使个体能够充分发挥自己的优势并满足自我的需求。对于大学生而言，认识自己是职业规划的第一步。从这一出发点开始，我们接下来需要探索不同的职业领域，最后整合各种静态和动态的信息，制订行动计划并加以实践，以解决就业困惑，为个人成功和幸福奠定坚实基础。职业生涯规划的目标是开发潜能、突破障碍和实现自我。我们最大的幸福在于我们能够以选择的方式生活。

（一）有助于掌握自己的命运

在人生的旅途中，工作、学习、休闲和家庭是四大关键领域，它们相互交织，相辅相成。对每个领域进行深思熟虑和科学的规划，是确保人生顺利的关键。当一个人有了明确的规划，面对重大选择时便能坚守自我，清楚了解自己真正想要的是什么，以及哪个方向更接近目标。这样，他就能够避免被他人左右，减少走弯路的概率。只有明确自己的人生目标和每个阶段的重心，才能真正掌握自己的命运。把握每一个可能成功的机会，理解自我、发展自我、完善自我，并培养个人的素质和修养，才能设计出自己职业发展的最优路径。

(二)有助于发掘自我潜能

职业生涯规划能够帮助大学生集中精力,全神贯注地学习与工作,为实现自己的职业目标尽可能发挥个人的最大潜能。在大学期间,虽然不是所有学生都在组织协调、科研发明等方面有优势,但相当一部分学生在这些方面有很大的潜能。一旦赋予这些学生工作任务和目标,调动他们内在的激情,他们都会努力地学习,充分激发内在的潜能,最后将工作和学习完成得很好。无论将来从事什么职业,通过科学的职业生涯规划,都可以帮助学生更好地实现职业目标,获得事业上的成功,帮助一个平凡的人成长为一个出色的人才。

(三)有助于明确并清晰自我定位

无论个人今天的处境如何,重要的是明白下一步该迈向何方。职业规划的基础在于自我认知,只有深入认识并了解自我,才能有针对性地明确职业方向,避免盲目行动。认识自我是对自我深层次的剖析,通过过去的经验、经历,了解自己的能力大小,明确自身的优势和劣势,从而选择未来可能的工作方向,解决"我想做什么"和"我能做什么"的问题。在此基础上,通过了解相关行业的特性、所需能力、就业渠道、工作内容、发展前景及薪资待遇等外部环境,理性地确定自己具备的资本。这是所有规划和行动得以成功的基础。

(四)有助于找到实现理想的通道

职业生涯规划让我们有了明确的前进方向,促使我们学习和提升自我。即使目标不是非常清晰,我们也会沿着确定的路线前行。这就是实现梦想的路径。实现目标的强烈意愿对个人来说非常重要,意愿越强烈,成功的概率就越大。我们必须将意愿转化为超强的行动力,因为行动力的根源来自意愿。只有当我们发现并确定人生奋斗的主要目标,并围绕这个目标采取行动时,我们的行为才会更加有效和有价值,才会使职业生涯规划成为实现梦想的路径。职业生涯规划就像人生的导航仪,为我们设定了方向,引导我们走向成功。哈佛大学的一项长期追踪研究表明,只有4%的人能够取得成功,他们的成功就在于他们都为自己的职业生涯确定了明确的目标,并且始终坚持。

(五)有助于实现人与职业的和谐发展

当今社会处在变革的时代,到处充满着激烈的竞争。物竞天择,适者生存。在竞争激烈的职业环境中,设计一个良好的职业生涯规划至关重要。特别是在我国加入世界贸易组织后,职业领域的竞争变得更加激烈。为了在这场竞争中脱颖而出并保持不败的地位，我们需要有一个清晰的职业生涯规划，以确保我们有充分的准备。职业生涯规划旨在实现个人与职业的和谐发展，通过将个人与职业相匹配，促使个人全面发展和进步。我们将个人与职业的发展有机结合起来，使职业成为实现个人人生价值和幸福的工具。通过这样的规划，我们可以成为推动职业发展和进步的主要力量，实现个人与职业的双赢，实现人与职业的和谐发展。

（六）有助于增强大学生在就业中的核心竞争力

对于当代大学生而言，职业生涯规划就像一座灯塔，指引着他们在追求人生目标的道路上前进。它能够激励大学生珍惜大学生活，提高个人素质、专业素养及就业能力与技巧，提高就业核心竞争力。此外，当个体在前进道路上遇到困难、支撑不住而想放弃时，职业生涯规划会使个体产生源源不断的动力，让个体坚定地走下去，直至成功的终点。良好的职业生涯规划使个人生活更有目标，并且可以使人生变得有意义；能够让我们更加清楚自己所处的就业形势，及时做出调整和制定应对策略。同时，职业生涯规划还能帮助我们明确自己的职业目标，找到适合自己的职业方向，并使我们的职业能力和素质得到提升，增强我们的自信心和自我效能感。而且，职业生涯规划能够帮助我们聚焦重要的事情，增加成功的机会。总之，良好的职业生涯规划对于个人的职业发展和成功至关重要。

因此，职业生涯规划应该从大学生入学时就加以培养、引导和训练，以便为学生一生的发展奠定坚实的基础。

三、大学生职业生涯规划的内容

（一）学业规划

学生的主要任务就是学习，因此，学业规划是大学生职业生涯规划最重要的内容。学业规划包括专业技能学习规划、公共基础知识学习规划、就业知识学习规划等。大学生应该根据自己的大学目标，在认真研究社会的需求，了解社会需要什么样人才的基础上，结合学校的课程安排，制订科学的、个性化的学业规划。

1. 专业技能学习规划

进入大学前，学生都必须选择一门专业。选专业是一件非常慎重的事情，它可能会影响一个人整个的职业生涯。学生选专业的标准各不相同，但有一点应该是相同的，那就是希望毕业以后尽量从事与该专业相关的行业。大学期间的学习，主要目的是习得工作岗位需要的专业技能，而专业技能是大部分大学生毕业以后安身立命的本钱,其重要性不言而喻。那么,怎样才能做好专业技能学习规划呢？首先,要确定专业技能学习的目标。例如,教育专业学生的学习目标应该是达到教师岗位所需要的技能要求,即一方面要达到理论学习要求,顺利毕业,取得教师资格证；另一方面要通过实习,熟练掌握实操技能。会计专业学生的学习目标应该是掌握会计岗位所需要的会计知识,考取相关资格证书。大部分初入大学的学生对这些专业要求可能并不熟悉,需要通过各种途径增加了解,如查阅资料、咨询老师或者到相关岗位去观察学习。有的学生在整个大学期间的学习目标都不明确,浑浑噩噩,不知道该学什么,毕业以后才发现自己根本达不到岗位要求。其次,要合理分解不同阶段的学习规划。大学一年级主要是打基础,适应新的学习环境,掌握专业的基础知识,了解专业的基本特点,寻找专业的学习方法,培养对于专业的兴趣；大学二年级、三年级是深入学习阶段,主要是了解专业的课程体系,掌握专业的学习方法,研究专业的发展动向,探析专业的就业特点；大学四年级是实习实践阶段,主要是提高专业动手能力,撰写毕业论文,准备相关职业资格证书考试,为毕业后做准备。最后,要明确自己的学习方式。大学学习与高中学习有很大不同,高中学习主要是在老师的监督下跟着老师学习,相对较被动,大学学习则更自由,主要依靠学生自律,需要学生主动地去安排自己的学业。大学期间的专业学习不可能完全靠老师,仅仅依靠课堂时间是不够的,更多的时候要靠自己,要好好利用课余时间,加强自学。自学能力是专业能力提升的一个重要保障。因此,大学生要充分利用好课堂与自学两种方式。

2. 公共基础知识学习规划

公共基础知识主要是指外语、计算机、写作、公共关系等方面的知识。当代社会是一个信息化时代,国际化程度越来越高,对人才综合素质的要求也越来越高。当代大学生必须不断提高自己的综合素质,而公共基础知识就是综合素质的具体体现。有的大学生对公共基础知识的学习不够重视,认为对专业帮助不大,但毕业时没有找到与相关专业对口的工作,综合素质又不够高,就业顿时走入困境；而那些综合素质高的学生,即使没有找到对口专业的工作,就业也比较容易。大学生在学好相关知识的同时,可适当考取一些外语、计算机等级证书,对提升就业竞争力很有帮助。但是,要妥善分配好专业学习与公共基础知识学习的时间,不能顾此失彼。

3. 就业知识学习规划

就业知识主要是指就业形势分析、就业信息搜集、就业技巧训练、职业素质培养等方面的知识。专业技能不等于专业岗位，技能与岗位之间需要一个桥梁，这个桥梁就是就业知识。不是专业技能学好了，就一定会有一份好的工作，而是必须先掌握就业知识，找到一个工作岗位，专业技能才有发挥的场所。有的大学生在校成绩很好，但自视过高，目空一切，或者为人羞涩腼腆，不敢在人前表现自己，最终导致求职失败，这都是缺乏就业知识的原因。制订就业知识学习规划，要注意以下三点：一是要明确阶段性学习目标。大学一年级主要是认识自我，确定好职业目标，提高职业素养；大学二年级主要是了解行业形势，做好职业生涯规划；大学三年级主要是掌握搜集就业信息、面试笔试的技巧，做好求职的准备；大学四年级主要是明确专业岗位职责、搜集就业信息、参加招聘会等。二是要重视就业指导课，关注实习就业处的相关信息及国家相关就业政策。三是树立正确的就业观。

（二）成长规划

健康是学习的基石。只有合理饮食、充足休息和适度锻炼，我们的身体才能保持良好状态。只有身体健康，我们才能有充沛的精力，从而提高学习效率。因此，以牺牲身体健康来追求更多学习时间的做法是不科学的。无规律的休息、缺乏锻炼或过度锻炼都会对身体健康产生负面影响，进而影响学习效果。

因此，养成良好的生活习惯，建立良好的心态是大学生成长规划的主要内容，成长规划是职业生涯规划的基础，大学生应该积极做好成长规划，践行社会主义核心价值观，铸就新时代伟大中国梦。

1. 养成良好的生活习惯

良好的生活习惯是个人身心健康的保证，而身心健康是人们学习、工作的基础。大学生精力旺盛，又处于长身体、学知识的阶段，良好的生活习惯可以促使其顺利、成功地度过大学阶段。为了达到身心健康的目的，大学生从踏进大学校门开始，就应着手培养自己良好的生活习惯。

第一，要养成良好的饮食习惯，保证合理的营养供应。许多大学生在饮食方面存在着不规律和暴饮暴食的情况。这些饮食习惯可能对身体健康产生负面影响，并影响学习效果。首先，不规律的饮食时间会干扰身体的代谢和血糖水平的调节。早餐是一天中最重要的一餐，应吃饱、吃好。早餐能够提供能量，维持人体的血糖水平，使人精力充沛。因此，大学生应该重视早餐，确保早餐营养均衡。其次，暴饮暴食也是一种不健康的饮食习惯。过量的食物摄入可能导致消化不良、肥胖等问题，并可能影响到学习和思维能力。大学生应该合理安排用餐时间，不要因为错过一餐而暴饮暴食。最后，大学生饮食要营养均衡。不少大学生受社会上"以瘦为美"观念的影响，采用节食的方法错误减肥。除了主食和蛋白质，大学生也应该多摄入水果和蔬菜，以便获得足够的维生素、矿物质和纤维素。只有养成良好的饮食习惯才能保证身体营养的均衡，良好的饮食习惯是身体健康的基础。总之，大学生应该培养良好的营养观念，保持饮食规律，避免暴饮暴食，并合理搭配各种食物，以确保身体能够获得充足的营养，从而提高学习效果，保证身体健康。

第二，养成良好的作息习惯对于大学生的身心健康至关重要。有规律的生活安排有助于大脑和神经系统的正常运作，可形成良好的习惯模式，对于促进健康非常有益。因此，大学生应该主动调整作息时间，养成早睡早起的好习惯，需要避免晚上谈论时间过长或者长时间做其他活动，这样才能保证第二天精力充沛地上课。睡眠时间每天不应少于7个小时，这对学业和健康都是必要的。

第三，除了注意作息时间外，适当地参加体育锻炼和文娱活动也应该纳入大学生的生活中。参加体育锻炼可以缓解压力，提高学习效率，同时也可以增强体质和抵抗力，是一种积极的休息方式。实践证明，进行7个小时的学习加上1个小时的文娱活动的效果要优于8个小时的连续学习，所以积极参加体育锻炼对于学习和身心健康都是有益的。

第四，大学生还需要时刻警惕不良生活习惯，如吸烟、酗酒、沉溺于电子游戏等。这些习惯都会对身体和学习产生负面影响，甚至会导致成瘾和健康问题。因此，大学生应该努力改变这些不良习惯，远离吸烟和酗酒，并且合理控制电子游戏的时间，加强自我管理，提高自制力。

总之，良好的生活习惯对于大学生的身心健康至关重要。只有养成良好的饮食习惯、合理安排作息时间、积极参加体育锻炼和文娱活动、改变不良生活习惯，大学生才能够更好地提高学习效果、增强身体素质，享受健康快乐的大学生活。

2. 建立良好的心态

良好的心态，健全的人格，是大学生身心健康的重要标志及学习、就业的重要保障。当今社会，科技越来越发达，知识更新越来越快，竞争压力越来越大，大学生就业、工作的难度也越来越大，这就需要大学生拥有良好的心态。"态度决定一切"，是对心态作用的最好描述。大学生应该建立的良好心态包括以下几种。

第一，成长的心态。大学阶段是学习的阶段、成长的阶段，大学生要拥有成长的心态，敢于尝试，不怕出丑。许多大学生往往较腼腆，不愿意表现自己，关键是怕自己因知识不够而出丑，丢了面子，其实，出丑是为了成长，不能惧怕失败。失败是成功之母,成功者永不放弃,放弃者永不成功。大学生要学会找方法,要知道,成功一定有方法,失败一定有原因。

第二,竞争的心态。这是一个竞争的社会,适者生存,不适者被淘汰。大学生要想进入社会,取得成功,必须在大学期间培养出一种竞争的心态,提高自己的竞争力。有些大学生心理承受力较弱,面对就业困难时,心生畏惧,一味逃避,不敢面对,最终成为无业一族,这就是缺少竞争的心态造成的。当然,要想竞争胜出,仅有竞争的心态是不够的,还须不断地充实和完善自己,给自己制订竞争策略和战略规划,并切实践行。

第三,责任的心态。美国西点军校规定:每个学员无论在什么时候,无论在什么地方,无论是否进行自己的私人活动,都有责任履行自己的职责和义务。这种履行必须是出自内心的责任感,而不是为了获得奖赏或别的什么。

第四,积极的心态。心态是一种心理状态或态度,是人的心理对各种刺激所做出反应的趋向,是由认知、情感、行为意向等因素构成的主观价值取向。积极心态是指个体以积极、向上和乐观的态度去看待自己、他人和事物,是一种有益的、正向的心理状态,它能够促使个体形成一种有建设性的良好的心理准备状态。拥有积极心态,就是面对学业、生活、工作中的问题、困难、挫折、挑战和责任,从正面去想,从积极的一面去想,从可能成功的一面去想,积极采取行动,努力去做。这也是一种可能性思维、积极思维、肯定性思维。积极主动的人心中自有一片天地,无论外界阴雨绵绵还是晴空万里,都不会对他们产生影响。积极主动的人知道自己在做什么,知道自己想要什么。这样的人理智胜于冲动,他们能够慎重思考,确定价值观并将其作为自己的内在动力,他们依靠自己的能力来实现人生目标。积极不是与生俱来的个性,而是通过后天培养形成的,没有一个人天生就懂得怎么去积极主动地做事。每一个年轻人都要拥有一颗积极主动的心,要善于规划和管理自己的事业,为自己的人生做出最为重要的抉择。没有人比自己更在乎自己的事业,没有什么东西像积极主动的态度一样更能体现自己的独立人格。因此,大学生应有意识地培养自己积极的心态,为自己美好的未来而奋斗。

(三)社会实践规划

国际21世纪教育委员会向联合国教科文组织提交的报告中指出,"学会认知""学会做事""学会共同生活""学会生存"是教育的四大支柱[1],教育应

---

[1] 联合国教科文组织. 教育:财富蕴藏其中[M]. 联合国教科文组织总部中文科,译. 北京:教育科学出版社,1996.

该以这四种基本学习为核心来进行安排。通过社会实践活动，大学生能够亲身体验在学习和工作中所取得的成功和不足，从而进行自我反思和不断完善自身。这能够培养学生的创新意识，激发他们勤奋学习、勇于创新、奋发成才的积极性和主动性。社会实践活动还可以推动大学生的创新教育和实践教育向更深层次发展，让他们有机会将平时的理论学习付诸实践。这样一来，学生不仅能够获得理论知识，还能够锻炼实际操作的能力，并且能够将所学知识和技能应用于实际问题解决中。通过社会实践活动，大学生可以更好地适应社会的需求，提高自身的综合素质，为将来的工作和生活做好准备。因此，教育应该重视社会实践活动的开展，并积极引导和指导学生参与其中。

社会实践规划主要包括参加大学社团、社会实践活动、实习三个方面。

第一，参加大学社团。参加大学社团，特别是参加一些具有活力和凝聚力的社团，能够帮助大学生拓展人际关系，提升社交能力。在社团活动中，大学生可以与来自不同专业、不同背景的同学互动交流，这对于其日后的人际交往和事业发展有着很大的帮助。同时，大学生在社团中担任一定的职务，也能提升社交能力。参加大学社团可以丰富大学生的课余生活，培养他们的兴趣爱好。大学生可以通过参加大学社团找到自己感兴趣的活动和项目并投入其中，享受其中的乐趣。这样不仅能够使大学生的生活更加多姿多彩，还能够提升他们的综合素质。大学生通过参与社团活动的组织和策划，可以提升组织协调能力，增强团队协作精神。在社团中，大学生可以参与各种项目和活动，积累实践经验。这些经验可以作为他们日后求职的亮点和优势，让他们在激烈的就业竞争中脱颖而出。因此，大学生应积极参加大学社团，要根据自己的兴趣和特长选择合适的社团，让自己在社团中得到更好的成长和发展。

第二，参加社会实践活动。在学习之余，参加一些社会实践活动，对大学生的成长大有裨益，但怎样分配学习与社会实践的时间，应该选择什么样的社会实践活动，仍然是大学生重点要解决的问题。有些大学生由于没有妥善解决好这些问题，本末倒置，把赚钱当作目的，耽误了学业，最终得不偿失。那么，大学生应该如何开展社会实践活动呢？大学生参与社会实践活动是提高自理能力和适应社会的重要途径。在寒暑假期间，大学生可以充分利用空闲时间，参与各类社会实践活动。这些活动不仅有助于提高大学生的自理能力，还能让他们提前了解和适应社会，为未来的就业做好准备。同时，大学生在参与社会实践活动时，应明确自己的目的。不同的目的将决定他们在实践中的关注点和收获。如果只是为了赚钱，这样的社会实践就失去了真正的意义。因此，大学生在参与社会实践活动时，应该以开拓视野、适应社会、学会独立、缓解经济困难或增强专业实践等为目的，以确保在实践中有所收获。

第三，参加实习。实习是大学生社会实践的一个重要环节，主要包括生产实习和毕业实习，大学生可以通过现场观察、调查研究、实际操作，把所学应用到实践中，在生产实践中增强自己的能力。实习是大学生对自己未来职业的一种体验，只有亲身经历后方能进一步确定自己的目标职业是否正确，理想中的职业与实际中的职业是否有差距，差距有多大，自己能否接受。对于雇主来讲，实习经验是他们检视大学生能力的一种方式。如果连实习都不能完成，那么雇主怎么能相信个人可以胜任以后的正式工作呢？大学生在实习前应对实习有所规划，对是否需要实习、到哪里实习、在实习中取得哪些职业素养做到心中有数，而且在实习过程中对遇到的困难要坦然面对。实习结束后尽可能请实习公司为自己的实习经历写一份实习评估或评价，这种来自实习公司的评价，对个人未来的求职有很大的作用。

第二节　大学生职业生涯规划影响因素

一、影响大学生职业生涯规划的内在因素

（一）受教育程度

教育是赋予个人才能、塑造人格、促进个人发展的活动，受教育程度是事业成功不可缺少的条件。受教育程度不同的人，在个人职业选择时，具有不同的能量和作用：受教育程度较高的人，在就业以后会有较大的发展，在职业不如意，再次进行职业选择时，能力和竞争力也较强；受教育程度低的人，在职业选择和发展时相对处于劣势。人们接受教育的专业、学科门类及层次对职业生涯也起着重要的决定作用。

（二）健康因素

健康对于职业选择特别重要，几乎所有的职业都需要健康的身心。个体可以对自己的身体素质、心理素质及承受能力进行客观评估，分析在职业选择中自己有哪些身心优势，有哪些潜在能力。根据自己的身心条件，决定自己能够从事哪些职业，不能从事哪些职业，设计适合自己职业发展的方向和路线。

（三）性格与气质因素

性格在我们的职业乃至一生中都会起到很大的作用，我们也常常听到"性格决定命运"这样的话，但是我们又有几个人真正了解自己的性格呢？每一个人都会有自己独特的个性，所以每一个人的职业和人生也不同，正是因为性格不同所以造就了形形色色的人。相较于气质的稳定性，性格具有更大的可塑性，更容易受到经历和遭遇的影响而发生改变。性格是气质和其他心理特征的外在表现形式，尽管气质会对性格的形成和发展产生一定的影响，但性格也可以在某种程度上掩盖和改造气质。气质是人的个性心理特征之一，一般分为胆汁质、多血质、黏液质和抑郁质四种。胆汁质的人适合做开拓性的工作；多血质的人对事业有浓厚的兴趣，并能够持续很长的时间；黏液质的人是最容易获得领导认可的员工，是最佳的合作伙伴；抑郁质的人具有细心谨慎、感情细腻、善于思考等特点。工作中，每一种气质都有其独特的优点和缺点，关键在于要正确认识自己的优缺点，并适度发挥长处、弥补短处。大多数人都是多种气质的混合体，只不过在各种气质中，更倾向其中一种。因此，在选择职业的时候，我们也要根据自身的性格特征、气质特点来选择适合自己的职业。

（四）个人能力因素

个人能力通常是个人完成工作任务的前提，也是影响工作效果的基本因素，即个人能力和职业发展之间具备直接的关系。因此，在进行职业生涯规划之前，了解自身的能力倾向、明晰不同职业的能力需求，才能够进行合理的职业选择。

个人能力不同，职业选择也会有所差异。例如，有些职业会要求从业者具备一定学历，因为其需要从业者具有一定的职业理论基础知识方能胜任；有些职业会要求从业者具备一定的从业经验，以及一定的独立工作技能等，从业者只有拥有这些经验和技能方能胜任。

（五）职业价值观取向因素

职业价值观指的是一个人的人生目标和人生态度在职业选择方面的具体体现，也可以说是个人在对职业的认识和态度、对职业的追求和向往等内容综合影响下形成的一种观念。通常个人的理想、信念和世界观等都会对职业价值观产生一定影响，也会在个人的理想、信念和世界观中具体体现出来。

个人的职业价值观会通过个人对遭遇的客观事物，行为结果的作用、意义、效果、重要性等做出总体评价来得以体现，并以评价为原则来推动和指引个人进行选择、做出决定、实施行动。职业价值观在个人的职业生涯发展过程中具有极为重要的作用，起到的是决定职业方向的靶向作用，往往超过个人的兴趣和性格对职业生涯发展造成的影响。

不同的职业具备不同的特性，不同的人会拥有不同的身心条件、教育状况、生活经历、家庭影响、年龄阅历等，这种综合性的因素会造成不同的人对职业有不同的主观评价。例如，对职业意义的认识、对职业好坏的取向等，这种主观评价就属于职业价值观，其决定个人的职业期望，也影响着职业方向的选择和职业目标的确立，甚至决定个人就业后的工作态度和努力程度。为确定自身的职业价值观，可以深入思考并回答以下几个问题：感觉哪种职业好？感觉哪个岗位更适合自己？自己从事某项工作的具体目的是什么？渴望得到什么？这些问题的答案就是个人职业价值观的具体表现。

二、影响大学生职业生涯规划的外在因素

（一）成长环境

成长环境包括家庭环境、校园环境、就业工作环境和城市环境等。首先，家庭是人们从小成长的环境，家庭氛围、家庭教育、家人关系、与亲友邻居的交往，在一定程度上都会影响人们人格、个人素质的形成。家长的价值观体系、言行和处事方法等都会对子女产生一定的影响。其次，校园的教育环境是培养一个人基本素质的场所，对人生有着巨大的影响。现在提倡树立终身教育的理念，终身学习成为人们的主要任务。教育上的成功与社会阶层的晋升有着明显的关联，教育是改变社会阶层的主要动力，人们的专业、职业种类，对于其职业生涯有着重大的影响。再次，就业工作环境包括单位的企业文化、管理制度、领导者素质和价值观等。在个人的职业发展过程中，选择一个适合自己的职业环境至关重要。所在单位应当提供一个能够充分展现个人才华、促进快速成长的平台，从而有助于员工实现个人的职业生涯规划，并为其发展提供积极的推动力。最后，跟学习、工作和生活有关的城市环境规模、所处区域、经济发展水平、产业结构和重点相关企业、行业发展、生活休闲度等因素，都将决定个人的职业选择。是选择适合自己发展的城市，还是选择到广阔的基层就业，这都将影响个人的职业生涯。

（二）经济环境

经济环境对大学生职业生涯规划与发展的影响表现为以下几方面。

第一，经济形势对就业率有显著影响。经济处于增长期时，市场繁荣，对

人力需求增长，就业率提高，由此进一步推动经济增长，扩大就业，实现良性循环；经济增长放缓甚至倒退时，市场萎缩，对人力需求降低，就业率下降，人们大量失业。

第二，劳动力市场供求状况对就业形势有重要影响。从某方面来说，市场供求状况决定了就业形势，进而影响到个体职业生涯规划。市场需求大的"热门专业"往往考生趋之若鹜，如经济管理类、信息安全类等专业，多年来招生"火爆"，而历史、哲学类专业则由于就业形势严峻而成为"冷门专业"。但是，"热门专业"与"冷门专业"并不是绝对的，而是相对的，因为市场需求和劳动力供给状况在不断变化，入学时的"热门专业"可能到毕业时就成了"冷门专业"。

第三，家庭的收入水平也对职业生涯规划有影响。家庭收入水平的高低，会影响到大学生的职业选择。出身于收入较高家庭的学生有较高的自由度，可以选择自己喜欢的职业，且就业面较宽；出身于收入较低家庭的学生，在就业时可能面临更大压力，他们的选择会更加慎重，选择面相对较窄。

（三）社会环境

社会环境因素决定了社会职业岗位的数量、结构、层次，同时也决定了人们的职业观念，从而决定了就业方式、职业观和个人职业生涯的历程。例如，我国市场就业机制的建立和发展，学校推荐，双向选择、自主择业、竞争上岗；国有企业的改革调整；职工下岗再就业机制的不断完善；等等。在这种状况下，某些行业劳动力相对过剩，岗位相对减少，若得到一个比较理想的职业，人们必然会加倍珍惜，工作态度和敬业精神就显得非常重要。

（四）科技环境

21世纪以来，我们见证了科学的飞速进步、技术突破的重大创新，以及集成创新科技的显著提升。学科之间的交叉融合进一步深化，科学传播、技术转移和产业规模化的速度日益加快。科学技术在经济社会和人类文明进程中的基础性和带动性作用日益显著。世界科学技术正在积蓄新的力量，一场具有里程碑意义的科技革命和产业革命正在悄然孕育。科技进步对社会、文化、经济产生重大影响，进而对就业形势产生影响，成为大学生职业生涯规划的重要影响因素。

第一，科技进步创造了新的产业形成与发展，增加了就业机会，扩大了就业范围。随着科技的不断发展，越来越多的人在以信息产业为核心的高技术产业或与传统产业相关的高技术应用的新岗位上工作。高技术产业的发展要求劳动者具备相应的知识水平和技能等素质，从而促进劳动者素质的提高。同时，高技术产业和应用的普及也意味着高知识型劳动力在劳动力总量中所占比重的增加。

第二，科技进步除了增加新的工作岗位也导致新的失业问题。一是随着原有产业引入新技术进行改造，资本的有机构成提高，对劳动力的需求相对减少，从而出现"机器排斥工人"的情况。虽然被新兴技术产业排挤出来的劳动力数量与新兴技术产业对劳动力的需求数量差不多，但是一些失去工作的劳动力在技术和知识方面可能都无法适应新兴产业的需求，从而导致"结构性失业"。二是科技进步还引起了产业结构的变动，需要一定时间来重新分配劳动力，在失业和再就业这段时间内，劳动者依然处于失业的状态，这就导致了"摩擦性失业"。劳动者"摩擦性失业"的数量受产业结构变化和科技进步的影响，产业结构变化和科技进步的速度越快，"摩擦性失业"的数量就越多。

第三，著名的美籍奥地利经济学家约瑟夫·阿洛伊斯·熊彼特（Joseph Alois Schumpeter）的创新理论分析认为，创新会导致经济周期。该理论阐述经济周期的波动受科技进步的影响，而经济下滑可能会导致"需求不足型失业"。该理论强调了创新在经济发展中的重要性，认为创新是经济发展的内在驱动力，是生产过程中的一种"革命性"变化。

第四，科技进步在推动经济对劳动力需求相对减少的同时，也带来了劳动力供给的增加。随着科技的不断发展和家庭机器设备的普及，烦琐的家庭事务逐渐被这些设备处理，以妇女为主的家庭劳动者得以从这些繁重的工作中解脱出来。此外，科技进步也推动了医疗保健行业的发展，使劳动者的劳动年限得以延长。这些都会相对增加劳动力市场供应，使得就业岗位更加拥挤。

（五）政治与法律环境

政治与法律环境是指一个国家或地区的政治制度、体制、方针政策、法律法规等方面。这些因素常常制约、影响企业的经营行为，尤其是影响企业较长期的投资行为及人们的就业行为，进而对大学生职业生涯规划产生影响。我国政治稳定，法律制度逐渐健全，国家越来越重视就业问题，近年来出台了一系列政策法规，对改善就业环境起到了重要作用。例如，《国务院办公厅关于优化调整稳就业政策措施全力促发展惠民生的通知》，提出了一系列优化调整稳就业的政策措施。此外，《国务院办公厅关于进一步做好高校毕业生等青年就业创业工作的通知》提出了一系列措施，包括扩大企业就业规模，对招用毕业年度高校毕业生并签订1年以上劳动合同的中小微企业，给予一次性吸纳就业补贴；挖掘基层就业社保、医疗卫生、养老服务、社会工作、司法辅助等就业机会，社区专职工作岗位出现空缺要优先招用或拿出一定数量专门招用高校毕业生；支持自主创业和灵活就业，高校毕业生自主创业，按规定给予一次性创业补贴、创业担保贷款及贴息、税费减免等政策。

第三节 大学生职业素养能力的提升

一、职业素养概述

（一）职业素养的定义

职业素养就是职业内在的规范和要求，是员工在职业过程中表现出来的综合品质，包含职业道德、职业技能、职业行为、职业作风等方面[1]，也是从事某项职业时所具备的素质和修养。每个行业都有自己的职业素养。具体到岗位而言，职业素养体现在态度、情感、认知、技能、知识、创造力等方面。我们要想成为一个谈吐优雅、充满自信的行业精英，就得从自己良好的行为习惯和工作作风开始慢慢训练和养成。

（二）职业素养的特征

职业素养具有以下五个特征。

1. 职业性

不同职业对职业素养的要求各不相同。因此建筑工人和护士在职业素养方面的要求是不同的，商业服务人员和教师也有各自的职业素养标准。例如，原公共汽车售票员李素丽作为一名优秀的售票员，她的职业素养始终与她作为一名服务人员紧密相连。如果能够在车厢和售票台上为人民服务，为社会做贡献，那么她就能够将真情融入服务中，为社会增添美好。即使她有时候有些烦心的事情，一上车，一见到乘客，烦恼就会消失。

2. 稳定性

一个人的职业素养是在长期从业的过程中逐渐形成的。一旦形成，职业素养就具有相对的稳定性。例如，一位教师经过数年的教学生涯，逐渐形成了一系列包括热爱学生、为人师表等教师职业素养，这些素养相对稳定。当然，随着继续学习、工作和环境的影响，职业素养还可以不断提高。

---

[1] 任婷. 高校软件工程人才职业素养培养途径探析[J]. 教育现代化, 2016（26）：12-13.

3. 内在性

从业者在长期的职业活动中通过自我反省、学习和亲身体验，逐渐认识到什么是正确的做法，什么是错误的做法，从而有意识地内化、积淀和升华自己的职业素养的这种心理品质可以称为职业素养的内在性。

4. 整体性

一个人的职业素养与他的整体素养密切相关。职业素养的好坏不仅仅取决于思想道德素养和职业道德素养，还取决于科学文化素养、专业技能素养甚至身体和心理素养。一名从业人员，即使思想道德素养良好，但科学文化素养和专业技能素养较差，整体素养也无法算好；反过来，如果科学文化素养和专业技能素养优秀，但思想道德素养不佳，整体素养也不能算好。因此，职业素养的一个重要特点是整体性。

5. 发展性

一个人的素养是通过教育、社会实践和社会影响逐渐形成的，它具有相对的稳定性。但是，社会的发展，对人们的要求不断提高。为了更好地适应和满足社会发展的需要，人们需要不断提升自己的素养水平。因此，职业素养具有发展性。

（三）职业素养的组成

不同的行业和专业有不同的职业素养需求，但总体而言，职业素养可以分成专业素养和非专业素养两大方面。专业素养是指从事某一专业领域内某一岗位的胜任力。非专业素养是一种公共能力，是一种可迁移能力。这些能力可被广泛应用于各行各业、各个岗位和人生发展中。非专业素养主要包括一个人的演讲与口才、交流与沟通、写作与阅读、调研与策划、组织与管理、批判与创新、反思与总结等能力，以及个人情绪、心态、效能、自信、包容、气场、逆商等在内的潜能力。

二、大学生职业素养能力提升的意义

（一）增强就业竞争力，助力快速寻找工作

当今社会说到底是人才的竞争，人才竞争导致就业压力增大。因为没有一个企业愿意花钱选拔一个不能给企业带来效益和价值的员工。那些从众多求职者中脱颖而出的佼佼者都有一个共同的特点：拥有良好的专业素养和非专业素养。用人单位在选拔和招聘时主要是看应届毕业生的专业素养和非专业素养。当然，不

是每个人都能百分百地达到用人单位的标准，大家都是在尽可能地朝着这个标准和方向去努力。谁比别人拥有更多的专业素养和非专业素养，谁就可能先被录用。

（二）提高岗位胜任力，促进职业快速发展

在个人成长领域中，一步领先至关重要，它将影响后续的每一步。一个人之所以能够在某个领域表现出色，是因为坚持不懈的训练和对个人成长计划的深刻理解。善于规划的学生在进入职场后，相较于一般的大学生，能够更快地适应角色并取得发展。具备良好职业素养的大学生，习惯于关注行业动态和社会发展状况，他们能够灵活地将自己的专业知识和学业与社会的变化和需求进行有效的对接和转化。这种前瞻性和适应性使他们在职业生涯中始终保持领先地位。

三、大学生职业素养能力提升途径

（一）加强职业意识培养

高校的重要任务之一是帮助大学生明确自己的个性特征和职业发展目标。这意味着学生需要了解自己的气质、性格和能力，以及自己的兴趣、动机、需要和价值观。这将有助于他们确定自己是否适合某种理想的职业，并且可以客观地评估自己的优势和不足。在明确了个性特征和职业发展目标之后，学生还应该考虑环境因素，包括市场需求和社会资源。他们应该考虑自己的发展方向和行业选择范围，并明确自己的职业发展目标。重要的是，学生在大学期间应该积极参与各种实践活动，包括实习、志愿者工作、学术研究等，以增加职业认知和实际经验。这些实践经历将有助于学生更好地了解自己的兴趣和能力，并为未来的职业路径做出更明智的决策。总之，大学期间学生应该积极思考自己的个性特征和职业发展目标，并结合环境因素做出明智的选择。通过这样的努力，他们将更有信心和能力面对就业压力，并为自己的职业发展打下坚实的基础。

（二）加强知识与技能学习

大学生在学习中必须转变为更加主动和积极的学习方式，采用自主性、研究性和创造性的学习方法。在课堂上认真学习老师讲授的各种知识，并全面掌握专业理论知识和社会技能。此外，大学生还应该在模拟的职业环境中进行实践，以获得与现实操作相同的体验，并逐步掌握所需的基本技能，从而培养分析问题和解决问题的能力。学校的教学和各专业的培养方案是根据社会和专业需求制定的。它旨在帮助学生获得系统的基础知识和专业知识，加强对专业的认知和提高知识应用能力，并培养学习能力和学习习惯。因此，大学生应该积极配合学校的培养

计划，认真完成学习任务，并尽可能利用学校的教育资源，如教师、图书馆等获取知识和技能，为将来职业需要做储备。

（三）加强人际沟通能力的培养

加强人际沟通能力的培养是非常重要的。人的能力往往体现在沟通上，因此，大学生必须进行科学训练，培养积极良好的沟通能力。第一，要训练语言表达能力，可以自主创设不同的谈话情境，多使用敬语和礼貌用语，锻炼口语表达能力。第二，要培养体态表达能力，因为体态是人的"第二语言"，可以通过表情、手势、动作、姿势等来有效地表达，这些体态能发挥替代语言表达的作用。在集体文艺活动中，参与者需自行进行训练，运用适当的手势、举止、动作与姿态，将内在的思想和气质进行有效的展现。这一过程需要保持高度的协调与规范，以确保整体效果的完美呈现。

（四）加强团队协作精神培养

加强团队协作精神培养同样是非常关键的。一是要强化团队精神，将团队精神作为学生品德素质培养的重要目标。可以在现有的课程体系中注入与团队精神相关的教学内容，并通过集体活动来促进成员间的沟通，自主培养团体情感，增强团队凝聚力。二是要内化团队精神，这是一个熏染、体验、养成、陶冶的过程。可以精心组织各种旨在增强团队精神的集体活动。在各类文体活动中，可以自我组织、共同协调、分工合作，在活动中尽情体验、感受竞争与合作之间的关系，以及个人与集体之间的关系。

第四节　大学生职业生涯规划心理素质拓展训练

一、心理影片赏析：《穿普拉达的女王》

根据美国时尚助理、作家劳伦·魏丝伯格（Lauren Weisberger）的同名小说改编而成的《穿普拉达的女王》是由美国导演大卫·弗兰科尔（David Frankel）执导，美国演员梅丽尔·斯特里普（Meryl Streep）、安妮·海瑟薇（Anne Hathaway）和艾米莉·布朗特（Emily Blunt）联袂出演的。该片于2006年6月在美国上映，讲述了一个刚离开校园的女大学生以时尚杂志社主编助理的身份初入职场，经历了从迷茫到成长，最终成为一名杰出职场人和时尚达人的故事。《穿普拉达的女王》是一部适合职场新人观看的电影，涵盖了白领阶层关心的多个话题，如职场奋斗、初次择业、事业与家庭、个人形象提升等。广大年轻观众尤其是女性朋友均能在该片中找到自己的影子，甚至找到自己上司的影子。该片在时尚圈和年轻女白领中产生了强烈共鸣，被誉为"职场生存指南"，为都市白领与各类领导沟通交流提供了宝贵的参考。此外，影片中大量的时尚潮流元素也为女性在办公室这个竞技场中展现个人魅力提供了借鉴，使得该片成为引领潮流的影片。

二、心理游戏：价值观大拍卖

活动目的：①协助参与者认清自己的价值观；②协助参与者了解自己的个性对行动力的影响。

活动时间：40分钟。

活动准备：价值观拍卖的物品名称及底价、代金券。

拍卖规则：你有5 000元，可以随意叫卖表6-1中拍卖的物品。每种物品都有底价，每次出价以500元为单位，价高者得到物品，有出价5 000元的，立即成交。

表6-1 价值观拍卖游戏物品及其底价

物品	底价	物品	底价
1. 爱情	500元	10. 财富	1 000元
2. 友情	500元	11. 长命百岁	500元
3. 健康	1 000元	12. 诚实	500元
4. 美貌	500元	13. 享受一次美食	500元
5. 礼貌	1 000元	14. 分辨是非的能力	1 000元
6. 自由	500元	15. 大学毕业证	1 000元
7. 欢乐	500元	16. 孝心	500元
8. 爱心	500元	17. 专业技能证书	1 000元
9. 威望	500元	18. 地位	500元

讨论：

①你是否后悔你买的东西？

②拍卖过程中，你的心情如何？

③有没有人什么都没买，为什么？

三、心理训练：未来可能从事的职业

活动目的：测试自己未来可能从事的职业。

活动时间：30分钟。

活动准备：5张纸、1支笔。

活动步骤如下。

①填写第一张纸：我的父亲想要我做什么。例如，父亲希望你毕业后多赚些钱补贴家用。然后，详细写下你父亲认为你应具有的品质。

②填写第二张纸：我的母亲想要我做什么。例如，母亲希望你找一份当教师的工作等。然后，写下母亲认为你应该具有的品质。

③填写第三张纸：我的朋友认为我应该做什么。例如，他们认为你特别适合做教师（或者演员、社会工作者、作家、企业家等）。然后，把他们认为你所具有的品质写下来。

④填写第四张纸：我不想做什么。把你不愿意做的事情都列出来，你愿意写多少就写多少，把你肯定讨厌做的事情都尽力回忆并列举出来。

⑤填写第五张纸：我大概不反对做什么。不必担心写错，因为这不是做决定，拓展你的想象力，以新的思想方法和行动方式来练习一下。一定要多动脑筋，写下所有对你有吸引力的事情，即便你相信某件事情是你不可能去做的，也要把它写下来，因为这里希望你比较仔细地考虑一下你能够接受的是什么，不仅仅是为了做这个练习。

5张纸都写好之后，选1张你自己最想留下的，把其他4张全部扔掉。你现在手上这张纸所写的职业或许就是你将来会从事的职业。

参 考 文 献

［1］熊建圩. 大学生心理健康教育教程［M］. 天津：天津大学出版社，2011.

［2］雍克勤，焦锋. 多元文化环境下的大学生心理健康教育研究［M］. 兰州：甘肃民族出版社，2014.

［3］刘启珍. 中学儿童家庭教育指导［M］. 武汉：华中科技大学出版社，2014.

［4］武光路. 多维视角下的大学生心理健康教育探索与实践研究［M］. 大连：东北财经大学出版社，2017.

［5］孔子及其弟子. 论语［M］. 崇贤书院，注释. 北京：北京联合出版公司，2017.

［6］崔正华，王伶俐，李爽. 大学生心理健康与心理素质培养［M］. 北京：航空工业出版社，2018.

［7］李晓光. 当代大学生心理健康教育的理论与实践研究［M］. 北京：海洋出版社，2019.

［8］薛春艳. 生命教育视野中的大学生心理健康教育研究［M］. 武汉：华中科技大学出版社，2020.

［9］陶文芳. 大学生心理健康教育课程改革研究［M］. 长春：吉林人民出版社，2020.

［10］洪炜，徐红红. 应激、积极人格与心理健康关系模型的初步研究［J］. 中国临床心理学杂志，2009，17（3）：253-256.

［11］葛熠. 浅谈主我和客我在自我构建中的特征和关系：对米德自我构建理论的研究［J］. 剑南文学（经典教苑），2012（7）：257-258.

［12］蒋杭玲. 自我同一性与青少年人格发展［J］. 法制与社会，2012（13）：237-238.

[13] 五月. 6个方法，预防坏情绪［J］. 双足与保健，2016（2）：49.

[14] 梁杰,张琳. 健康中国视角下大学生积极心理品质的培养对策［J］. 河南教育（高教），2020（11）：18-20.

[15] 俞晓霞. 积极心理团体辅导在大学生心理健康教育中的运用［J］. 产业与科技论坛，2021（15）：59-61.

[16] 粟雪琼,何夏玲,黄兴艺. 积极心理健康教育对中职学生自我意识发展的影响研究［J］. 广西教育，2022（8）：16-19.